整体构建
生态型育人模式的研究与实践

■薛天涛　著

中国石油大学出版社

CHINA UNIVERSITY OF PETROLEUM PRESS

山东·青岛

图书在版编目（CIP）数据

整体构建生态型育人模式的研究与实践／薛天涛著
. -- 青岛：中国石油大学出版社，2024.5
ISBN 978-7-5636-7987-4

Ⅰ.①整⋯　Ⅱ.①薛⋯　Ⅲ.①中学－教育模式－研究
Ⅳ.① G63

中国国家版本馆 CIP 数据核字（2024）第 098511 号

书　　　名：整体构建生态型育人模式的研究与实践
ZHENGTI GOUJIAN SHENGTAIXING YUREN MOSHI DE YANJIU YU SHIJIAN
著　　　者：薛天涛
策划统筹：高建华（电话　0532－86981536）
责任编辑：高建华（电话　0532－86981536）
责任校对：郭月皎（电话　0532－86981980）
封面设计：赵志勇
出　版　者：中国石油大学出版社
　　　　　　（地址：山东省青岛市黄岛区长江西路 66 号　邮编：266580）
网　　　址：http://cbs.upc.edu.cn
电子邮箱：gaojianhua6@163.com
排　版　者：胡俊祥
印　刷　者：泰安市成辉印刷有限公司
发　行　者：中国石油大学出版社（电话　0532－86981536）
开　　　本：710 mm × 1 000 mm　1/16
印　　　张：10.75
字　　　数：202 千字
版 印 次：2024 年 5 月第 1 版　2024 年 5 月第 1 次印刷
书　　　号：ISBN 978-7-5636-7987-4
定　　　价：46.00 元

教育的对象是人,教育的终极目标是使学生成为独立健全之人。叶澜教授指出:"教育是直面人的生命、通过人的生命、为了人的生命质量的提高而进行的社会实践活动。"

从教育历史发展的视角来看,古典教育观体现出对生命的尊重,倡导平等交往式的师生关系,教育目的是培养健全的人;近代文艺复兴时期兴起的人文主义运动"点亮"生命,在教育场域中体现为自然教育思潮,强调个性化教育,致力于培养人的道德、智慧和文化修养;现代科学时代到来后,随着经济全球化和文化多元化的发展,现代社会物质生活日益丰富,社会环境纷繁复杂,这些都极大地改变了教育的发展态势,极端的科学理性和工具理性导致独特的个体的价值被漠视,教育忽视了对个体的关照。

实际上,由于受到历史、社会环境等因素的制约,教育在相当长的一段时期为功利性、机械性教育价值观所抑制,也就不可避免地导致厌学浮躁、压抑个性、缺乏创新的教育结果。教学中,许多教师的教育观念更新不够,学校和社会对教学的评价方法和目标单一,完全依靠考试成绩来评估学生的学习效果和教师的教学成绩,过于关注评价结果而缺少对过程的评价,忽视了对学生综合素质的评价和对全面发展的评价……这些都带来了严重的后果:一方面,严重阻碍了教师教学的积极性和教学水平的提高;另一方面,也严重挫伤了学生学习的兴趣和热情,对课程所蕴含的深层面的价值意义的体悟更无从谈起。

其实,教育的目的不仅是知识的授受、智慧的开启,还应包含对学生身心的点化和人格的润泽。未来高中教育的发展趋势是"优质+特色",这不仅能满足不同层次的教育需求,也能为学生的终身发展奠基。

在回望人类思想宝库中蕴藏的教育思想、反思现代教育潜藏问题的基础上,我们从教育理念到教育实践层面提出整体构建生态型育人模式,围绕以尊重为教育基点、以开发为教育手段、以成全为教育过程和以提升为教育目的的生态型教育价值追求,从生态型课题、生态型德育、生态型班级、生态型课堂、生态型课程、生态型教师和生态型学校等方面进行探索和实践,以更好地培养具有情怀和个性、引领社会进步发展的时代新人。这就是本书的研究基础和写作背景。

　　本书共分为五章。第一章是总纲,在对基本概念界定的基础上,结合普通高中育人方式改革要求进一步阐释了普通高中的育人目标和育人模式,并提出了生态型育人模式的理念。第二章对普通高中课程体系的现状、生态型校本课程开发的背景和原则、生态型课程体系及其实施与评价进行了阐释。第三章结合五育并举的思想提供了生态型校本课程开发的案例。第四章对生态型课堂建设的背景与意义、生态型课堂教学模式构建的原则、教学模式及其注意事项进行了阐释。第五章结合具体学科提供了生态型课堂教学模式的具体范例。

　　在本书编写过程中,著者参考了有关专家学者的研究成果,在此表示衷心感谢!

　　由于著者水平有限,书中不妥之处在所难免,敬请读者批评指正。

著　者

2023 年 10 月

CONTENTS

目 录

第一章 生态型育人模式概述 ……………………………………… 1

  第一节 主要概念界定 ……………………………………………… 3

  第二节 普通高中育人方式改革要求 …………………………… 10

  第三节 普通高中育人目标 ……………………………………… 14

  第四节 普通高中生态型育人模式概述 ……………………… 16

第二章 生态型课程育人体系构建 ……………………………… 21

  第一节 普通高中课程体系现状 ……………………………… 23

  第二节 生态型校本课程开发的背景和原则 ………………… 26

  第三节 生态型课程体系 ………………………………………… 29

  第四节 生态型课程体系的实施与评价 ……………………… 34

第三章 生态型校本课程开发案例 ……………………………… 39

  第一节 德育课程开发案例 ……………………………………… 41

  第二节 智育课程开发案例 ……………………………………… 50

  第三节 体育课程开发案例 ……………………………………… 58

  第四节 美育课程开发案例 ……………………………………… 64

  第五节 劳动教育课程开发案例 ……………………………… 69

第四章 生态型课堂育人模式的构建 ………………………… 79

  第一节 生态型课堂建设的背景与意义 ……………………… 81

  第二节 生态型课堂教学模式的构建原则 …………………… 86

  第三节 生态型课堂教学模式阐述 …………………………… 89

  第四节 生态型课堂教学模式中的注意事项 ………………… 97

第五章　生态型课堂育人模式教学案例 …………………………………………… 101

　第一节　语文生态型课堂教学案例 ………………………………………… 103

　第二节　数学生态型课堂教学案例 ………………………………………… 109

　第三节　英语生态型课堂教学案例 ………………………………………… 114

　第四节　物理生态型课堂教学案例 ………………………………………… 121

　第五节　化学生态型课堂教学案例 ………………………………………… 127

　第六节　生物生态型课堂教学案例 ………………………………………… 134

　第七节　思想政治生态型课堂教学案例 …………………………………… 140

　第八节　历史生态型课堂教学案例 ………………………………………… 148

　第九节　地理生态型课堂教学案例 ………………………………………… 159

第一章

生态型育人模式概述

主要概念界定

随着《国务院办公厅关于新时代推进普通高中育人方式改革的指导意见》（以下简称《指导意见》）的颁布，许多高中纷纷进行育人方式改革的探索。学校根据学生学情，在遵循教育发展规律的基础上提出了生态型育人模式。那么什么是生态教育？什么是生态型育人模式？

一、生态教育

（一）生态的含义

"生态"一词最初源于古希腊语"oikos"，其原意指的是住所或栖息地。

生态学是德国生物学家 E. 海克尔（Ernst Haeckel）于 1866 年最早提出的概念，当时被认为是研究动植物与环境间的相互关系、动物与植物间的相互关系及其对生态系统影响的一门学科。日本东京帝国大学三好学教授于 1895 年把"ecology"一词译为"生态学"，后经武汉大学张挺教授介绍到我国。

生态是指生物在一定的自然环境条件下生存和发展的自然状态。简单地说，生态就是指一切生物的生存状态，以及它们之间和它们与环境之间环环相扣的关系。生态的产生最早是从研究生物个体开始的，"生态"一词涉及的范畴也越来越广泛，人们常常用"生态"来定义许多美好的事物，如健康的、美的、和谐的事物均可冠以"生态"修饰。

（二）生态教育的含义

生态教育（ecological education）源于人类对 20 世纪中叶以来日益严重的生态危机的深刻反思。1976 年，克雷明（Cremin）在其著作《公共教育》中最早正式提出"教育生态学"一词。生态教育是依据生态学原理，生态哲学的价值观、世界观和方法论，以及教育生态学等理论，以教育教学的生态平衡为研究对象，运用生态学强调生物种类的多样、协调、平衡、共生、可持续发展等原理，促进学校教育系统内复杂主体各要素之间的共生、互促、和谐，以使学校呈现出发展活力和勃勃生机。

对于生态教育,学术界没有形成统一的概念表述,但是不同表述均以生态学为基础,如"以生态哲学整体论的世界观和方法论为指导""渗透生态学原则""融入生态学思想、理念、原则与方法""以生态学为依据""按照生态学的观点思考""以生态学为基础"等。

广义的生态教育有着极为丰富的内涵,涵盖各个教育层面,包括学校教育、社会教育、职业教育。其教育对象包括全社会的管理者、科技工作者、工人、农民、军人、普通公民、学生等,教育方式包括课堂教育、实验证明、媒介宣传、野外体验、典型示范、公众参与等,教育内容包括生态理论、生态知识、生态技术、生态文化、生态健康、生态安全、生态价值、生态哲学、生态伦理、生态工艺、生态标识、生态美学、生态文明等。生态教育的行动主体包括政府、企事业单位、学校、家庭、宣传出版部门、群众团体等。生态教育可以使全社会形成一种新的生态自然观、生态世界观、生态伦理观、生态价值观、可持续发展观和生态文明观,实现人类、社会、自然和谐发展,构建一个和谐的社会。

狭义的生态教育侧重指学校的生态教育。学校生态教育是指顺应自然发展规律的人性教育,号召学生尊重自然,保护环境,在发展人类社会文明的同时与地球母亲和谐相处,培育学生的生态文明意识,从而实现全人类的可持续发展。普通高中教育,是促进学生全面且有个性地发展,帮助学生适应社会生活的关键教育。这一阶段,学校对学生开展生态教育意义深远。

教育是既立足当下,又面向未来的事业。学校教育应当从两个方面主动适应变化,积极促进变化。一方面,要主动开展可持续发展教育;另一方面,要积极构建学校自身的教育生态。当前两个方面均有一些不同程度的理论探索和实践行动,例如"可持续发展教育(ESD)"的创建,"绿色学校"行动,以及中国教育学会教育生态研究中心、浙江大学教育生态研究所的一些"教育生态"理论研究和学区实验等。但将二者融合起来,进行跨界的、更加系统的"绿色学校"+"生态文明"的实践探索,目前尚属空白,究其原因,可能是对教育问题的研究和对社会问题的研究相对分割。

生态教育要求学校一方面真正树立以人为本的思想,将可持续发展的知识、意识和行动纳入学校课程、教学、管理和评价中,培养适应和促进生态文明社会发展所需要的未来人才;另一方面,要将生态文明的基本理念渗透到学校的课程、教学、管理和评价的各个环节中,实现学校自身的生态变革,这既是未来社会对学校教育变革的要求,也是实现师生全面健康发展的必然要求。

笔者结合本学校(东营市第二中学)实践探索的实际,所理解的生态教育就是促进人、自然、社会和谐发展的教育,就是将生态发展的思想、理念、原则与方法融入现代全民性教育的生态学过程。生态教育的目标是解决人与环境之间的矛盾，调整人的行为，建立环境伦理规范和环境道德观念，教育人正确认识自然环境的规律及其价值，提高人对自然环境的情感、审美情趣和鉴赏能力，为每个人提供获得保护生态环境和促进生态环境和谐发展的知识和技能的机会，创造个人、群体和整个社会环境行为的新模式。

总之，生态教育是一个人一生中顺应自然的人性教育，是全社会自觉形成的一种人生态度，也理应成为今天的终身教育观。

（三）生态教育的特征

生态教育是以生态学为依据，传播生态知识和生态文化、提高人们的生态意识及生态素养、塑造生态文明的教育。它有以下两个特征。

1. 和谐整体性

在生态学和生态哲学的观点中，"天人合一""人与世界是同一的"等理念都表达出世界是一个普遍联系的整体。

生态教育以此为理论基础，也是一个和谐一体的教育整体。它包括教学环境、教学课堂、德育模式、师生关系等。各种构成因素间相互联系、相辅相成、相生共长，共同组成和谐的生态教育体系。生态教育要充分考虑学生身心发展的差异性和不平衡性，有针对性地对不同性格、水平、兴趣的学生制订出符合他们个性特点的学习计划；要考虑到教师的现实需要，在教学任务布置与师生共同发展之间找到平衡点。没有最好的教育，只有最适合的教育，"适合的教育"就是对生态教育和谐整体性的最好诠释。

2. 交互开放性

教育体系是一个开放的体系，只有不断吸收、接纳新的理念和方法，保持对外开放，才能增强系统内的生命活力。倘若一直闭门造车，则不能及时接收外界最新的信息，就不能做到与时俱进。同时，教育体系内的研究成果也可应用于其他领域，形成一个循环发展的生态系统。生态教育的主要关注点在生态教学方面，其中包括生态型课堂、生态型课程、生态型管理等。生态型课堂倡导关注每一位学生的发展，开展以学生为中心的活动式教育。生态型课堂中师生平等，互相促进。

随着时代变革和教育观念的更新，教学方法也在不断趋向生态化。新课程改革要求教学方法多样化，根据学生的特点选择合适的教学方法，尤其是合作探究法、讨论法和发现法等有利于培养学生的自主探究能力、合作团结能力的教学方法。这种活泼生动的生态型课堂，能够让学生的学习天性自由释放，真正激发学生学习的主动性和积极性。生态教育的课程设置要本土化、生活化,教学内容要精选生态化内容,注意知识间的联系,将各学科知识融会贯通,形成一种良好的生态关系。教学内容也必须贴近生活、回归生活,这样的教学内容更能激发学生的学习兴趣,使学生乐于接受和感悟。当然,教学内容的设置要跟教材有关。教材作为重要的教学资源,应该成为一个"对话者"。生态教育承认每一位学生所拥有的内在素质不尽相同,但它们必须处在一种动态平衡、和谐发展的状态之中。

二、育人模式

(一)育人的含义

育人之"育"即教育、培养。对受教育者进行德智体美劳等多方面的教育和培养,促进他们全面发展,即为育人。教师是育人的主体,其根本任务是教书育人。教书和育人是教师工作的两个重要方面,正如一张纸的两面,是不可分开的。教是过程,育是目的;教书为表,育人及里。育人的目的是使受教育者能全面发展,使他们成长为社会需要的身心健康、全面发展的人才。

(二)模式的含义

"模式"一词,其英文单词为"model",原意为模式、模型等。在《辞海》中,"模式"一词有两种解释:一是"事物的标准样式";二是"研究自然现象或社会现象的理论图示和解释方案,同时也是一种思维体系和思维方式"。本文所说的模式是对事物的结构和发展过程的描述,是通过理论与实践可以效仿的标准形式。

(三)育人模式的含义

随着理论研究的不断深入,国内学者对育人模式的内涵与外延进行了充分的讨论与研究,仁者见仁,智者见智。

从人才培养模式整个系统内容的角度界定:"人才培养模式是由培养目标、教学内容、教学方式方法、教学组织管理等内容组成的。"

龚怡祖认为,人才培养涉及很多方面,如确立人才培养的教育理念,设定人才培养的目标、对象、途径、过程及制度保障。

朱泳媚学者也认为,人才培养模式具有培养理念、培养目标、培养环境、培养内容、培养方式、评价体系等要素。

还有学者从培养模式的结构出发,如刘献君等学者认为,人才培养模式是教育各要素如课程、教学、评价等的结合,但这个结合不是一个呆板的组织模式,而是一个动态的、强调运行过程的结构。

董泽芳教授则认为,人才培养模式属于教育的培养过程,"人才培养模式即培养主体为实现某种特定的培养目标,在教育理念的指引下,由一定要素组成的系统化、开放化、多样化与可模仿的关于人才培养过程的理论与操作模式"。

此外,也有学者认为,培养模式是"培养的总和","培养模式或人才培养模式是学校为学生构建的知识、能力、素质结构,以及实现这种结构的方式,它从根本上规定了人才特征并集中地体现了教育思想和教育观念。简而言之,培养模式,实际上就是人才的培养目标、培养规格和基本培养方式"。

学者对人才培养模式概念的理解并未达成一致,但存在一定的共识:一是识别不同的人才培养模式,关键在于人才培养目标的不同,明确人才培养目标的中心是培养人的核心素养;二是从人才培养模式的要素出发,培养模式由培养目标、课程设置、教育教学、管理与评价等若干要素组成;三是人才培养模式由微观的三个层次构成,即整个学校的人才培养模式、各个专业的人才培养模式以及各个角度的人才培养模式;四是人才培养模式是沟通教育理论与教育实践的桥梁,是对培养过程的建构和设计;五是任何培养模式都是建构在一定的理论基础之上的,所依据的理论不同,则人才培养模式就具有差异性,目前主要分为以知识为中心和以学生为中心两种类型;六是人才培养模式具有可效仿的模式,具有目的性、规范性、稳定性、实用性和操作性等特点。

学校育人模式是为实现特定的培养目标,在一定教育理念的指导下,由一定要素组成的人才培养的操作范式。这种操作范式通常包括培养目标、课程建设、教育教学、教师专业素养、学生综合评价方式以及学校管理等方面。

国务院于2019年6月颁布的《指导意见》是首个以普通高中为对象颁布的专门文件,充分显示了党中央对发展普通高中教育意义的认可。《指导意见》中提出,要"落实立德树人根本任务,发展素质教育,遵循教育规律,围绕凝聚人心、完善人格、开发人力、培育人才、造福人民的工作目标,深化育人关键环节和重点领域改革,坚决扭转片面应试教育倾向,切实提高育人水平,为学生适应社会生活、接受高等教育和未来职业发展打好基础,努力培养德智体美劳全面发展的社会主义建设者和接班人"。

在新时代背景下,有学者认为育人方式可以概括为坚持以立德树人为基础,以全面发展和多元培养为方向,鼓励学生个性化成长的方式。学者王琼认为,新型的育人方式应包括综合整体的教学方式、主动探究的学习方式、深度理解的思考模式、科学合理的管理模式等。

在本书中,育人模式即育人方式,是指在普通高中阶段,为了实现社会主义建设者和接班人的培养目标而采取的一系列教育培养人的方法和措施,具体涉及培养体系、课程实施、教学组织管理、学生发展指导、师资及校舍条件等内容。

三、生态型育人模式

(一)生态型育人模式的含义

生态型育人模式是为实现特定的培养目标,把生态理念融入教育教学的模式。它主张把教育活动看作一个有机的生态整体,遵循教育规律、学生身心发展规律,尊重个体差异,创设和谐宽松的育人环境,最大限度地挖掘学生潜能,使全体学生得到全面、可持续的发展。

生态型育人模式是一种全新的教育理念,更是一种全新的教育方式,运用生态文明思想教育主客体必须从多方面去践行生态理念。生态型育人模式突破了传统的教育理念和教育方式给人带来的影响,拓展了一片人本教育的新天地。它通过生态文明意识影响人,通过生态文明理念熏陶人。

生态型育人模式的根本目的是建构公民生态行为规范和促进人的全面发展,而要想实现这一根本目的,就必须培养公民的生态文明意识,即通过生态育人方式唤醒受教育者的生态意识、生态智慧和生态能力,使受教育者产生生态自觉,最终实现人与自然的和谐相处。

(二)生态型育人模式的实践路径

1. 构建生态育人环境,发展生态育人客体的空间载体

马克思主义认为,人是环境的产物。任何个体的成长都离不开环境的影响,不受环境作用的个体是不存在的。既然人的性格是环境造成的,那就必须使环境成为合乎人性的环境;既然人天生就是社会的生物,那他就只有在社会中才能发展自己的真正天性,而对于他的天性力量的判断,也不应当以单个人的力量为准绳,而应当以整个社会的力量为准绳。

2. 开展生态育人方式改革同样需要一个良好的环境

生态育人环境不但对教育主体、客体产生作用,而且影响着教育教学的目的、内容及方法。因此,在教育教学中,我们必须优化教育环境,从社会大环境着眼,从社会小环境入手。一是优化家庭环境,从建立良好的家风、构建和睦的家庭关系、提高家庭成员的文化素质等方面入手;二是优化校园环境,从加强校风、学风、师德师风建设,净化校园文化等方面着手;三是优化单位环境,培养优秀员工;四是优化社区环境,树立文明新风;五是优化社交环境,促进身心健康发展;六是优

化社会大环境,为思想政治教育奠定坚实基础。

3.生态文明基地建设涵养健全人格

生态文明基地建设可以作为生态育人的理想榜样,对生态育人起到一种示范作用。在生态文明思想教育过程中,教育主体引导着教育客体去参观、游览生态文明基地,生态文明基地的生态文明氛围不同程度地熏陶与感染着教育主客体,从而产生"润物细无声"的良好效果。新媒体环境下网络、电视、广播的充分合理利用不仅可以对生态文明进行宣传,还可以唤起人们的生态文明意识。

第二节 普通高中育人方式改革要求

普通高中教育是国民教育体系的重要组成部分,在人才培养中起着承上启下的关键作用。办好普通高中教育,对于巩固义务教育普及成果、增强高等教育发展后劲、进一步提高国民整体素质具有重要意义。为贯彻落实全国教育大会精神,统筹推进普通高中新课程改革和高考综合改革,全面提高普通高中教育质量,2019年6月,国务院颁布了《指导意见》,对普通高中的育人方式提出了明确要求。

一、构建全面培养体系

普通高中的总体目标即"全面贯彻党的教育方针,落实立德树人根本任务,发展素质教育,遵循教育规律,围绕凝聚人心、完善人格、开发人力、培育人才、造福人民的工作目标,深化育人关键环节和重点领域改革,坚决扭转片面应试教育倾向,切实提高育人水平,为学生适应社会生活、接受高等教育和未来职业发展打好基础,努力培养德智体美劳全面发展的社会主义建设者和接班人"。为了实现这一目标,要求普通高中的育人方式突出德育时代性、强化综合素质培养、拓宽综合实践渠道、完善综合素质评价机制。

(一)突出德育时代性

《指导意见》提出,新时期的普通高中教育要"坚持把立德树人融入思想道德教育、文化知识教育、社会实践教育各环节。深入开展习近平新时代中国特色社会主义思想教育,强化理想信念教育,引导学生树立正确的国家观、历史观、民族观、文化观,切实增强'四个自信',厚植爱党爱国爱人民思想情怀,立志听党话、跟党走,树立为中华民族伟大复兴而勤奋学习的远大志向。积极培育和践行社会主义核心价值观,深入开展中华优秀传统文化教育,加强学生品德教育,帮助学生养成良好个人品德和社会公德。要结合实际制定德育工作实施方案,突出思想政治课关键地位,充分发挥各学科德育功能,积极开展党团组织活动和主题教育、仪式教育、实践教育等活动"。

生态型育人模式坚持以人为本,从学生的学情出发,探索教育与生态环境的和谐统一。它强调德智融合,德育先行,符合现阶段德育培养的目标要求。

(二)强化综合素质培养

普通高中教学改革要适应学生全面而有个性地发展,这就要求我们改变传统的以文化课为重,"唯分数""唯升学"的思想,改进科学文化教育,制定德智体美劳五育并举的统筹的综合素质培养方案。

普通高中要统筹课堂教学和课外实践,强化实验操作,培养学生的创新思维和实践能力,提升学生的人文素养和科学素养。强化体育锻炼,修订学生体质健康标准及评价办法,丰富运动项目和校园体育活动,培养学生的体育兴趣和运动习惯,使学生掌握1~3项体育技能。加强美育工作,积极开展舞蹈、戏剧、影视与数字媒体艺术等活动,培养学生的艺术感知、创意表达、审美能力和文化理解素养。重视劳动教育,制定劳动教育指导纲要,统筹开展好生产性、服务性和创造性劳动,使学生养成劳动习惯、掌握劳动本领、树立热爱劳动的品质。

(三)拓宽综合实践渠道

构建全面培养体系不仅需要学校、教育机构做出统筹安排,还需要全社会的力量。要健全社会教育资源有效开发配置的政策体系,因地制宜打造学生社会实践大课堂,建设一批稳定的学生社会实践基地。充分发挥爱国主义、中华优秀传统文化、军事国防等教育基地,以及高等学校、科研机构、现代企业、美丽乡村、国家公园等方面资源的重要育人作用,按规定免费或优惠向学生开放图书馆、博物馆、科技馆、文化馆、纪念馆、展览馆、运动场等公共设施。普通高中要定期组织学生深入社区、医院、福利院、社会救助机构等开展志愿服务,走进军营、深入农村开展体验活动。

(四)完善综合素质评价机制

构建全面培养体系需要健全的培育评价机制加以促进。要把综合素质评价作为发展素质教育、转变育人方式的重要制度,强化其对促进学生全面发展的重要导向作用。强化对学生爱国情怀、遵纪守法、创新思维、体质达标、审美能力、劳动实践等方面的评价。要从城乡学校实际出发,完善综合素质评价实施办法,以省为单位建立学生综合素质评价信息管理系统,统一评价档案样式,建立健全信息确认、公示投诉、申诉复议、记录审核等监督保障与诚信责任追究制度。要客观真实、简洁有效地记录学生的突出表现,对在学生综合素质评价中造假的,要依规依纪严肃追究相关人员的责任。

二、创新教学组织管理

（一）有序推进选课走班

为了适应普通高中新课程改革和高考综合改革，符合高校招生专业选考科目要求和学生兴趣特长，满足学生不同发展需要，普通高中要制定选课走班指南，加大对班级编排、学生管理、教师调配、教学设施配置等方面的统筹力度，提高教学管理水平和资源使用效率，构建规范有序、科学高效的选课走班运行机制。普通高中还要加强走班教学班级管理和集体主义教育，强化任课教师责任，充分发挥学生组织自主管理作用。

（二）深化课堂教学改革

育人方式改革要求我们转变教育教学方式，按照教学计划循序渐进地开展教学，提高课堂教学效率，培养学生的学习能力，促进学生系统掌握各学科基础知识、基本技能、基本方法，培养学生适应终身发展和社会发展需要的正确价值观念、必备品格和关键能力。

育人方式改革必然要求教学方式的极大转变。学校要鼓励教师积极探索基于情境、问题导向的互动式、启发式、探究式、体验式课堂教学模式，注重加强课题研究、项目设计、研究性学习等跨学科综合性教学，认真开展验证性实验和探究性实验教学。作业设计也要发生相应改变：一方面，精心设计基础性作业；另一方面，适当增加探究性、实践性、综合性作业。此外，学校还应该积极推广应用优秀教学成果，推进信息技术与教育教学深度融合，加强教学研究和指导。

（三）优化教学管理

学校要把教学目标落实到日常教学过程中，结合育人方式的总体要求不断完善教学管理规范，强化教学常规管理。

三、加强学生发展指导

（一）注重指导实效

学校要加强对学生心理、学习、生活、生涯规划等方面的指导，帮助学生树立正确的理想信念，正确认识自我，更好地适应高中学习生活，处理好个人兴趣特长与国家和社会需要的关系，提高选修课程、选考科目、报考专业和未来发展方向的自主选择能力。

（二）健全指导机制

学校要建立学生发展指导制度，加强指导教师培训。普通高中要明确指导机构，建立专兼结合的指导教师队伍，通过学科教学渗透、开设指导课程、举办专题讲座、开展职业体验等对学生进行指导。注重利用高校、科研机构、企业等各种社会资源，构建学校、家庭、社会协同指导机制。高校应以多种方式向高中学校介绍专业设置、选拔要求、培养目标及就业方向等，为学生提供咨询和帮助。

普通高中育人方式改革对我们的教育教学提出了新的明确要求：从学生实际出发，尊重教育规律和学生发展规律，统筹规划学校的教育教学，改变原有的育人方式，积极探索适合学生发展的生态型育人模式。结合《指导意见》，学校要进行积极探索，初步形成整体构建生态型育人模式的构想。实践证明，无论是从理论层面还是从实践层面，生态型育人模式都符合普通高中育人方式改革的总体要求。

第一，从理论上说，生态型育人模式要求学校统筹规划校园内外环境，把环境、教师和学生放在一个整体的生态圈里。这种育人模式符合学生的成长规律，符合教师的发展需要，符合学校的生态发展，是一种全新的育人模式。

第二，从实践上说，生态型育人模式突出德育先行，五育并举。这符合国家的总体教育方针，符合学生的成长规律，是实现立德树人根本任务、培育全面发展的社会主义建设者和接班人的有力保证。

总之，整体构建生态型育人模式符合普通高中育人方式改革的总体要求，是一种新型的育人模式，值得推广和借鉴。

普通高中育人目标

我国普通高中教育是在义务教育的基础上进一步提高国民素质、面向大众的基础教育,任务是促进学生全面而有个性地发展,为学生适应社会生活、高等教育和职业发展做准备,为学生的终身发展奠定基础。普通高中的培养目标是进一步提升学生综合素质,着力发展核心素养,使学生具有理想信念和社会责任感,具有科学文化素养和终身学习能力,具有自主发展能力和沟通合作能力。普通高中课程在义务教育的基础上,进一步提升学生综合素质,着力发展学生核心素养,使学生成为有理想、有本领、有担当的时代新人。

一、培养理想信念和社会责任感

学生要初步形成正确的世界观、人生观和价值观。热爱祖国,拥护中国共产党。弘扬中华优秀传统文化,继承革命文化,发展社会主义先进文化,培育和践行社会主义核心价值观,增强文化自信,树立为中国特色社会主义、人民幸福、民族振兴和社会进步作贡献的远大志向。遵纪守法,履行公民义务,行使公民权利,维护社会公平正义,具有法治意识、道德观念。热心公益、志愿服务,具有奉献精神。尊重自然,保护环境,具有生态文明意识。维护民族团结,树立总体国家安全观,捍卫国家主权、尊严和利益。

二、培养科学文化素养和终身学习能力

学生要掌握适应时代发展需要的基础知识和基本技能,丰富人文积淀,发展理性思维,不断提升人文素养和科学素养。敢于批判质疑,探索解决问题,勤于动手,善于反思,具有一定的创新精神和实践能力。具有强烈的好奇心、积极的学习态度和浓厚的学习兴趣。能够自主学习,独立思考,形成良好的学习习惯和适合自身的学习方法。学会获取、判断和处理信息,具备信息化时代的学习与发展能力。

三、培养自主发展能力和沟通合作能力

学生要坚持锻炼身体,养成积极健康的行为习惯与生活方式,珍爱生命,强健体魄。自尊自信自爱,坚韧乐观,奋发向上,具有积极的心理品质。具有发现、鉴赏和创造美的能力,具有健康的审美情趣。学会独立生活,热爱劳动,具备社会适应能力。正确认识自我,具有一定的生涯规划能力。文明礼貌,诚信友善,尊重他人,与他人和谐相处。学会交流与合作,具有团队精神和一定的组织活动能力,具备全球化时代所需要的交往能力。尊重和理解文化的多样性,具有开放意识和国际视野。

第四节 普通高中生态型育人模式概述

一、生态型课程设计

（一）普通高中学生需求评估

学情永远是我们的出发点，也是我们行动的落脚点。普通高中学生需求评估应建立在实际情况的基础上，结合校情分析学情，了解学生的文化基础、学习习惯、思维特点、特长等，有目的、有计划地提升学生的素质，实现生态育人。应基于校情、学情，探索并形成适合学生实际学习力和提高学生学习力的校本课程，遵循"学生为主体，教师为主导，训练为主线，素养为目标"的原则，把教育教学的行为和目标融于课程之中，坚持以"贴近学情、提高学习力"的原则建设校本课程框架与体系，让分层教学在课程建设中大放异彩，实现学生的内涵质量提升和增值增量发展。

（二）生态型课程理念

普通高中校本课程研发要与课程基地建设紧密结合，始终坚持"生为本、学中心"，更好地促进和实现学生的成长与发展。普通高中要树立课程是"食粮""轨道"的课程理念，以满足学生成长需要和实现长远发展为标准，并在课程实施的过程中及时调整、修订、完善课程研发的质量和方向，服务于学生发展。

普通高中要立足学科教学和校本课程、综合实践活动课程的实施需要，把实践基地作为国家课程、地方课程和校本课程实施的载体，发挥区域资源优势，充分利用校内外资源，把所学知识、技能运用到实践中去。其目的是完善学生的思维结构，拓宽学生的视野，激发学生的求知探索欲望，培养学生善于思考、自主探究、创造性地解决问题及综合实践等能力。同时，在三个层级的课程中全面贯彻学生核心素养的培养目标。

（三）生态型课程育人目标

普通高中要在实践中探索出适合本校学生发展的生态型课程体系，坚持课程服务于教学、服务于师生,将学生置身于科学、人文、创新的环境中,以学生的认知规律为基础,以提升学生的核心素养和综合素质为目标,增强学生的学习和实践认知能力,突破学科限制,打造卓越的学科教育品牌。

以东营市第二中学"三层六翼"生态型课程为例,简述生态型课程育人目标:

(1)"双考、衔接"等走班必修课程旨在引领学生认识到学习的价值,使学生学会学习,让课程成为全面提高学生综合素质和学业成绩的新增长点,助推新课改、新高考落地。

(2)"培优、纠偏"等拓展校本课程旨在引导学生在众多课程中找到适合自身的个性化课程,实现个性化、特色化教育。

(3)"德智融合、职业兴趣"等特色实践课程旨在引导学生通过跨学科融合式学习,分析各学科最基本的知识结构,以核心问题串联起各学科间的共性知识,找到不同学科之间的联合点,建构彼此关联知识点的知识体系。

二、整体生态型育人模式顶层设计

普通高中在生态教育理念指导下,尊重教育教学规律,尊重学生个体发展差异,挖掘和助力学生个性化发展,指导学生进行生涯规划,促进学生均衡发展和全面提升,推动学校学科建设和持续发展,以生态学中可持续发展为本,达成生态教育的多样、共生、和谐、发展,通过"三层六翼"生态型课程体系,培养多元发展的学生,实现全面育人、立德树人的整体生态育人目标。

"三层六翼"生态型校本课程,具体设计思路是以走班必修课程、拓展校本课程、特色实践课程三个层级为主导,每个层级设两翼,对应两个校本课程,如图1-1所示。

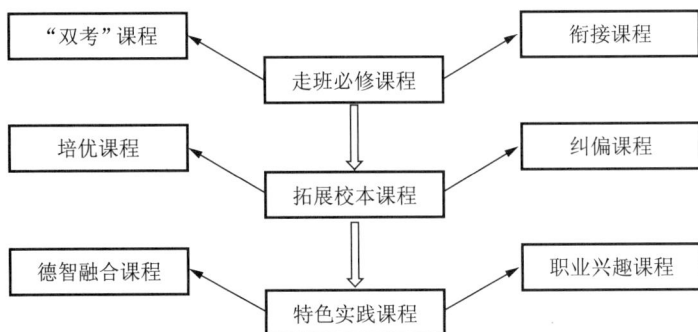

图1-1　"三层六翼"生态型校本课程体系

三、生态型课程实施与管理

（一）课程实施

1. 实施流程

流程如下：课程申报—课程审定—课程编排—过程管理—学期考核—课程评价。

2. 实施措施

（1）发挥教研组长、骨干教师的示范指导作用。学校要鼓励和帮助教师从学科优势、知识结构、个性特长等方面对课程内容进行整理编写，撰写校本教材。教研组长、骨干教师带头、示范，提高本组教师的专业化发展水平；深入课堂听课，指导和研究教材、教法；定期向教科室课程中心反馈教学信息。

（2）教科室课程中心负责指导校本教材的编撰。教科室课程中心指导教师认真编撰校本教材，准备教案讲义并分析教法、学情，力争使讲义在一年内逐步形成校本教材。学期末课程结束时，拓展课教师提交课程相关资料。

（3）发挥级部主任、班主任的协调管理作用。级部主任协助教科室课程中心，负责做好年级拓展型课程开设的组织、协调工作，加强与班主任和年级任课教师的联系和沟通，按时、认真地做好学生报名和编班工作并上报课教部。

（4）教科室课程中心负责拓展型课程的具体安排。在每学期开学第一周，教科室课程中心列出拟开设的拓展型课程目录和总时间表，由年级部安排学生选课，然后通过社团进行集中实施。选课人数在 10 人以上准予开课，并列入学校课程表，准时在学校统一安排的教学场所进行教学。

（5）建立正常的教学反馈和考核制度。教科室课程中心进行巡课，确保课程有序实施。科任教师对学生出勤做好记录，并做好考核、评价工作。

（二）课程管理

生态型管理是自然资源管理的一种整体性方法，融合了自然资源管理的人类学、生态学和物理学维度，目的是获得所有资源的可持续性。生态型管理就是在维护生态系统的健康、可持续性和多样性的同时支持可持续的经济和社会发展。生态型管理主要包括循序渐进式管理、整体系统式管理、民主多元式管理。

1. 循序渐进式管理

这种管理方式不以暂时的目标为追求，而是将学校发展的未来方向、目标融入当下的教育生活细节中去，以每一个当下的改变为改变未来的力量，从而积聚发展的动能。因而，这是一种从传统的"线性、理解性"向"循环的、渐进式"转变的管理。

2. 整体系统式管理

学校管理的对象是生命,而生命之间是相互依存的。这种管理方式不仅注重每一个生命的存在方式,还注重生命之间的相互影响。学校生态型管理充分关注并运用这种影响,从而构建起一个彼此促进、共同发展的生命场域,这也就决定了生态型管理应从整体的、系统的视角去构建工作思路,运行工作程序。

3. 民主多元式管理

学校生态型管理强调的是更多公众和利益相关者更广泛的参与。生态型管理是一种以实现生命内在意义为目标的管理,离不开每一个师生的参与。与此同时,在学校发展的重要决策过程中,来自家长、教师以及社会的参与又使得学校的管理更加科学。因而,学校生态型管理是一种民主的而非保守的管理方式。

四、生态型课程评价

(一)对学生发展个性化的评价

(1)学生发展可以参考能力发展目标的 A,B,C,D 四个水平等级进行过程性评价。

(2)成果评价是通过学生自评、组内互评、教师评价、社会评价(网络投票、家长评价)等方式对学生的学习成果进行的评价,考查学生的团队合作、参与积极性、学习成果的质量。

(3)个性化评价是根据课程之间的差异性而设置的独立评价,包括展示、获奖等形式,属于加分项。

(4)学生发展评价分为"优秀""良好""合格""需努力"四个水平等级,最终评价记入学生成长档案,对学生的综合学分、评优推荐等具有参考性。

(二)注重过程性评价,激励师生的积极性

在每个学期的期中、期末,由教科室课程中心牵头,以年级部为主体,对学校课程执行的情况、课程实施中的问题进行评估。

"双考"课程的学业评价主要分为学科知识测试评价、实践能力测试评价、道德品质评价、体质健康测试评价。

拓展型和特色型课程的学业评价,主要通过学生参加校外各类竞赛(如青少年科技竞赛)、作品展示、学校各类科艺体活动、"学期之星"和"每月之星"评选等形式,开展自评和互评。

教科室课程中心主要通过期中、期末考试分析等形式对教师进行阶段性教学效果评价。其主要形式是以过程性质量监控和阶段性质量监控为主,加强推门听课、作业批改、教案检查等环节,通过网上评学评教、系列问卷调查、座谈等形式,对课程实施的有效性进行评价。

五、生态型课程保障

东营市第二中学生态型课程方案已有一定的研究基础和实践基础,并取得了一定成果。为了保证课程顺利实施,学校专门成立了领导小组,定期召开相关汇报工作,及时调整实施方案,为课题的研究提供组织保障。

(1)硬件设备保障。学校硬件设施完善,教学楼、办公楼、艺术楼、实验楼、行政楼、礼堂、餐厅、教职工及学生公寓等均已投入使用,并配备完善的教学设备、生活设备。

(2)校园生态环境保障。普通高中校园建设可以"生态·绿色"为理念,采用节能降耗的新技术建筑材料,营造四季花香、常年绿意的生态环境,采购保护师生健康、排放达标的配套环保设施,让校园成为天然绿色的大氧吧,为师生创造绿色、环保、优美、舒适的学习工作环境,将学校打造为一个和谐的生态园、天然的植物园、富有情趣的休闲园、实践体验的科教园,逐渐形成生态校园建设模式,着力于校园"水、绿、人文、低碳"建设。"水"成为校园生态建设的一个核心要素,着力突出灵动性。学校可以开挖小湖、河流等,湖中有假山,河上有造型优美的小桥,河边有大片草坪,相映成趣,形成湿地公园。"绿"着力体现丰富性,这与生物学中所谓的"种群丰富度"不谋而合。学校可以增加植物种类,如山楂、石榴、柿子、玉兰、月季、海棠、金枝槐、垂柳、梧桐、早樱、木槿等品种,形成一个天然植物园。"人文"着力体现文化底蕴。"低碳"着力培育生态意识、环保精神,开展基于生态校园的植物养护等,加强学生节水节能、爱护环境的意识。

(3)师资保障。普通高中是基础教育的关键阶段,不仅要为大学输送合格人才,更要为提高国民素质打下坚实的基础,在培养公民基本素质、形成健全人格等方面有其独特的价值。大多数普通高中比较重视师资队伍建设,数量足够、素质优良、结构合理、队伍稳定的师资是打造高质量普通高中教育的保障。近年来,普通高中在不断完善校内实验室、多媒体等建设的同时,加强校外实践教学基地建设,这也是达成全面育人发展目标的重要保障。

第二章

生态型课程育人体系构建

一、普通高中课程体系改革的背景

2001 年,国务院召开了改革开放以来第一次全国基础教育工作会议,并发布了《关于基础教育改革与发展的决定》,对深化基础教育教学改革、全面推进素质教育进行了顶层设计。同年,教育部出台了《基础教育课程改革纲要(试行)》,并于 2001 年 9 月在全国 38 个国家级试验区进行试验。

在我国基础教育课程改革的大背景下,2000 年教育部开始进行普通高中新课程研制,并于 2003 年颁布了《普通高中课程方案(实验)和语文等十五个学科课程标准(实验)》。2004 年山东、广东、海南、宁夏四个省份开始进行课程改革实验,并不断推进,直到 2012 年全国各省份都普遍使用了高中新课程方案与各学科课程标准。党的十八大后,2014 年国务院印发了《关于深化考试招生制度改革的实施意见》,同年教育部相继印发了《关于普通高中学业水平考试的实施意见》《关于加强和改进普通高中学生综合素养评价的意见》。《关于全面深化课程改革落实立德树人根本任务的意见》把"先行启动普通高中课程修订工作"作为全面深化基础教育课程改革的"当头炮"。2017 年《普通高中课程方案(2017 年版 2020年修订)》正式颁布,确定了经过 10 年持续实验的普通高中课程方案和 20 个学科课程标准。为了进一步持续深化教育改革,2017 年 9 月教育部印发了《中小学综合实践活动课程指导纲要》,明确指出高中阶段综合实践活动课程以价值体认、责任担当、问题解决、创意物化为目标。2018 年教育部印发《关于做好普通高中新课程新教材实施工作的指导意见》,要求到 2022 年秋季开学,全国各省(区、市)均启动实施新课程新教材。

普通高中课程改革,虽然取得了明显的改革成效,但到目前为止,在高中教育教学实践中,这一全面课程改革阶段所强调的部分目标并未得到真正落实。例如,在全面课程改革阶段所强调的突出普通高中课程的多样化和选择性,凸显课程内容的时代性,培养学生社会责任感、创新精神和实践能力,推动考试改革评价的协同性,赋予高中合理而充分的课程自主权等方面并未完全达到目标要求。这就有必要构建高中新课程体系,进一步深化普通高中课程体系改革。

二、普通高中课程体系改革的现实困境

随着各地新高考政策的颁布,越来越多的学校开始实施选课走班办学策略,但由于我国的课程改革还处于初级阶段,课程体系设计处于摸索阶段,因此还存在一些现实困境。

(一)课程单调,无法满足高中生自主选择

从当前教学理念和教学模式中,我们可窥探课程体系的设置情况。目前很多缺乏课程体系改革理念的学校会选择"套餐式"教学模式,包括完全不走班和小走班两种形式。完全不走班,指的是学校罗列可能的高考组合科目,让学生根据自己的兴趣和意愿选择不同的"套餐";小走班,是"定一走二"或"定二走一"模式,即语文、数学、外语三门高考科目在固定行政班上课,部分学生只有两门或一门选考科目实行走班,其余选考科目也在行政班上课。这种模式以提供"自选套餐"来配合学生的高考选科需要,仅仅是为了适应高考改革的变相分科。"套餐式"教学模式的课程体系和传统教学模式的课程体系并无太大差别,仅包含高考科目,选修课程大大缺失,且课程难度等级固定,并不适应层次参差不齐的各类学生。在"套餐式"教学模式下,学生只享有选择学习哪门课程的权利,没有选择任课教师的权利。选课走班的基础是"选",是学生对课程的选择。他们根据学习能力及需求选择不同难度的必修课程,根据兴趣选择不同的选修课程,根据学习偏好选择不同授课风格的教师等。而在现实的选课走班中,很多学生没有被赋予充足的选择权,因此扩大学生的选择空间是课程体系改革的重点之一。

(二)选修课缺失,抑制高中生专项发展

2019 年,国务院印发的《指导意见》提出,要完善学校课程管理,要求各学校开齐开足体育与健康、艺术、综合实践活动和理化生实验等课程;严格学分认定管理,对未按课程方案修满相应学分的学生,不得颁发高中毕业证书。虽然如此,但是我们在对高考综合改革试点的选课分析中得知,除了必修课程和选择性必修课程以外,对于国家课程任选课程(模块)和校本课程,50% 左右的学生选择修习一两门,试点年级选择"没有选学"的比例较高,这与新课程方案中选修课程 14 学分的要求有一定差距。受到高考"指挥棒"的影响,一些持"为考而教,为考而学"教育理念的学校忽视了学生个性化发展的需求,这种现象既阻碍了学生的综合素质提高,也抑制了学生的个性化发展。

（三）课程难度固定，忽视高中生个体差异

在以应试教育为标准的行政班和教学班中，存在常规认知中的优等生和待优生。对于课程标准范围内的知识，优等生学起来毫无挑战，但是待优生学起来需要耗费很多精力；优等生固然每科都可能优秀，然而一些待优生也有其擅长的学科，这种情况不宜被忽视，采用"一刀切"的教学方式太过于绝对。于是，"快慢班"作为解决这种弊端的产物应运而生。虽然在当今教育背景下，"快慢班"被广泛采用，但它看似科学，实则存在很多弊端：快班往往集中了全校优质的教师和其他教育资源，而慢班学生基本上没有主动选择权，这明显违背了教育公平的基本理念；只是统一课程，课程难度相对固定，与学生的多样化需求不匹配，一些课程设置往往没有考虑学生的个体差异，没有基于学生的个性化发展需要，没有以促进学生的个性化发展为准则。目前，由于绝大部分学校的课程体系设置没有考虑到学生的接受能力和发展需求以及未来的方向选择，许多学生在学校的课程体系中无法根据自身特点选择适合自身发展的课程。

（四）缺少选课指导，学生选课具有盲目性

目前，大部分学校的课程体系中既缺少职业生涯规划课程，也缺少与课程配套的校本教材，还缺少选课指导。学生在选课时常常对自己的兴趣了解不足，对适合自己的学习方法没有很好掌握，存在盲目性。其主要表现在：一是选课时感到茫然和焦虑。由于长期学习固定课程，学生在选课时感到迷茫，不知道该选哪些课，有的学生甚至希望教师代为选课。二是选课存在功利性。学生更倾向于选择自己易得分的科目。这种功利性的选课对学生未来的专业学习和职业发展极可能造成消极影响。三是选课存在随意性。学生有时仅凭"一时兴起"的激情或者对某个教师的偏爱而选择高考科目。学生选课的随意性还体现在不了解课程设置上，一些学生在进行选课时，既不了解课程的课时安排、课程属性等有关课程的常规信息，也不了解开设课程的教学内容以及教学目标。

第二节 生态型校本课程开发的背景和原则

生态型校本课程就是用生态学的观点考虑教育问题,在校本课程开发和实施过程中遵循自然,尊重规律,采取多元教育策略,实施全员育人、全面育人,促进学生的生态成长、全面发展,最终实现师生的共同成长。

一、生态型校本课程开发的背景

课程是撬动教育教学整体改革的杠杆,是学校实施办学理念和实现育人目标的载体,是落实立德树人根本任务的关键,是学校办学诸要素中的核心要素。在当前课程改革的背景下,各级各类学校应紧扣核心素养,整合国家、地方、校本课程,逐步构建起一个有序而高效的学校课程体系,努力实现学校文化、课程、教学"三维一体"和谐共生。

20世纪末,中共中央、国务院开展了新一轮基础教育课程改革,在课程管理方面,为调动地方和学校的积极性,增强教育的针对性,重点强调实施课程三级管理制度。在此背景下,基础教育课程体系的创生与重构应运而生,关于校本课程开发的研究逐渐受到教育界学者们的重视。校本课程开发是学校在满足学生实际发展需要、考虑学校具体特点和条件的基础上,编写新教材或设计学习活动,在校内实施并建立内部评价机制的专业活动,即校本课程开发是学校利用可能的校内外资源解决自身教育问题的行动。校本课程开发因具有很强的创造性和创新性,故成为课程改革中绕不开的话题。建设校本课程,不仅可以有效地补充国家和地方课程,并且可以对课程内容进行延伸,这些延伸出的广阔的课程资源,为学生的个性化、多元化发展提供了基础。此外,个性化的校本课程对教师专业成长也能起到积极的推动作用。作为学校课程的重要组成部分,作为学校文化的重要展现,校本课程应该立足培养学生素质,回归教育本真,着眼学生明天,为学生人生奠基。

生态型校本课程应具备四大基本特征,即自然和谐、开放多元、融合互动、可持续发展。其建设主要指向以下三个方面:一是关注学生主体发展,课程的打造、运行、优化都应该以生为本,适性扬才;二是指向未来的综合能力,促进学生逻辑思维能力、融通能力等的培养;三是重视实践反馈优化,以动态发展的观点进行校本课程建设,在实践中注重反馈并有针对性地进行调整升级。

二、生态型校本课程开发的原则

生态型校本课程开发的原则反映校本课程的价值取向。如果学校缺乏课程规划,那么课程实施目标、学校发展目标、学科建设目标以及新课程改革就成为一句空话。我们要实现新高考形势下的课程体系建设,就要不断加强校本课程的顶层设计,实现校本课程标准化、一体化,构建起学校课程框架。学科组在学科教学中,进行结构化课程探索、协同化课程研发,提高教师的专业化课程开发能力。课程框架的设计:一要考虑学生的需求与兴趣,二要承认知识、学科的客观价值,三要兼顾社会的需要和对人才的要求。学校要以一种综合的观点统筹这三方面的关系。

(一)国家课程实施校本化

学校要在开齐开好国家课程的基础上,进行分层课程的探索。按照学生的学习层次、学习能力、思维方式和发展方向进行分层设计,细化课程标准,系统规划课程实施进程。通过教学质量全程监控,优化课堂教学环节和学习环节。根据教师专业发展目标和学生学业规范,推进有效学习,完善学习方式,不断提高教师的课程实施能力和学生的学习能力。

(二)校本课程设计特色化

根据办学理念、课程传统、学生兴趣及发展需求,学校要鼓励教师积极参与校本课程开发,与国家课程进行良好衔接,打造精品课程群,着力课程品质的提升,着眼办学特色的形成。不断丰富课程资源,积极引入家长、社区、校友、社会资源,开发能够满足学生需求的课程,提升学生修养,涵养社会主义核心价值观,训练学生思维,培养学生才艺。目前已有百余门校本课程经过审核被纳入我校核心素养选修课系列,每学期供学生自主选择。

(三)社团活动课程多元化

社团活动课程以培养学生的创新精神和实践能力为重点,以学生个性化发展为目标,为学生创设宽松自由的学习环境,让学生在感兴趣的领域尝试自我管理和自主学习,使他们可以尽情地释放潜藏的能力,充分享受自主学习的乐趣。目前我校共有 30 余个学生社团,这种学习生活的新尝试能够激发学生学习的自信心和主动性,从而使他们获得全新的学习体验,形成自主学习、创新学习的能力,促使他们将从社团活动课程中获得的热情和自信迁移到学科学习中。社团活动课程由学生依据个人兴趣自由组合,活动场所、活动设施及活动器材由学校提供,活动时间纳入每周课程表,由学校予以保障。学生社团涉及艺术、体育、综合实践、学科知识延伸等多个领域,活动方式灵活多样,可由学校指派指导教师,也可由学生自主选择指导教师,学生还可以自行组建社团。丰富多彩的社团活动课程有助于学生探索精神和学习方式的迁移,有利于创造性人才的培养。

(四)综合实践课程多样化

在学科课程的基础上,学校着力打造综合实践课程。学校以学生的经验、社会需求、问题解决为核心,以主题的形式对课程资源进行整合,通过项目式学习、研究性学习、研学旅行等课程,有效培养和发展学生解决问题能力、探究精神和综合实践能力。综合实践课程打破教材、课堂和学校的局限,在活动时空上向自然环境、学生的生活领域和社会活动领域延伸,密切学生与自然、与生活、与社会的联系。在课程设计上,学校将考察探究、社会服务、设计制作、职业体验等融入综合实践课程,通过各种真实情境的体验式活动来增强学生的自我意识,提升其成就动机、创新思维能力、人际拓展能力等,激发学生在生涯发展中的主体自觉性。

以"名校深度体验课程"为例,自高一年级起,学校有计划地组织学生走进清华大学、北京大学等国内高等学府,深度体验,立体感知;以项目式学习的形式培养学生的创新思维能力、自主探究能力、时间规划能力等优秀学习品质,激发其内在潜能,增强学生的核心竞争力。

(五)生涯规划课程发展化

学校以"认知自我、悦纳自我、超越自我"为核心理念,以校内资源为平台,以校外资源为依托,提供给学生形式多样的生涯认知课程和生涯体验活动。通过生涯认知必修课程,帮助学生认识自我的个性特质,发展自我潜在的能力,发现成长环境资源,自主规划生涯发展。通过生涯发展测评平台,帮助学生从兴趣评估、多元智能评估、性格评估和学习生活适应性评估等多角度全面认知自我,科学选科决策,逐步聚焦适合自己的大学专业及未来职业。

学校通过校园义卖、艺术节等主题活动以及校园学生岗的志愿者服务平台,丰富学生生涯体验,为其展示个性与能力提供相应的平台,提升其素养,增加其自信。通过生涯辩论会、学长讲生涯等系列活动,让学生在朋辈交流中树立正确的生涯观,强化生涯规划意识,促进自我与环境的探索,提升自我决策能力,拥有积极的生活态度。

第三节　生态型课程体系

　　基于对普通高中课程体系现状与生态型校本课程开发背景和原则的分析,本节内容主要围绕生态型课程体系的内涵、生态型课程体系的目标、生态型课程体系的内容、生态型课程体系开发实施的意义四个方面展开。

一、生态型课程体系的内涵

　　生态型课程体系以学校生态教育办学理念为统领,以学生健康、担当、乐学、创新四大核心素养为内核,更加强调学生在学习过程中的主动性,更加尊重学生,努力适应学生的个性化发展,为学生的全面发展奠定基础,让生命在生活和生长中闪光,逐渐形成一个相互包容、共同生长的互利、平衡、发展的教学生态系统,体现课程建设科学、多元、选择、整合的文化生态。

　　生态型课程体系有三个方面的基本特征:一是生命性,关注学生成长质量;二是生长性,关注学生的可持续发展;三是生动性,关注学生的差异发展与多元发展。同时,生态课程又兼具两大法则:一是适应法则,即课程要适应学生的发展和时代的发展;二是差异法则,即课程不仅要关注学生的个体差异,还要关注教师的个性特长以及学科之间的差异。

二、生态型课程体系的目标

　　当前在我国新课程改革的背景下,我们所提倡的生态型课程的目标,就是要让学生面对生活、面对社会、面对现实,真实地体验生活、感受生活,从而直面生活中的各种问题及挑战,满足学生对美好生活的需求。科学和人文的融合是未来教育的趋势,单纯的科学技术只是一门工具,而纯粹的人文精神也只是空中楼阁。学生在学习过程中真实地感受到科学与生活的和谐统一,就能健康和谐地成长。生态型课程尊重生命多样性与差异性,其实施过程是学生的知识、情感、个性、素质持续不断地生成与建构的过程,也是唤醒生命自觉、引导学生自我发展的过程。

　　学校要坚持以学生发展为本,初步形成学生自我发展的课程理念,努力构建生态型课程。在以三个层级为主导的生态型课程体系中,走班必修课程注重基础性,突出校本化;校本拓展课程注重多样性、自主性,突出模块化、特色化;特色实践课程注重实践性,突出生活化、人本化。三个课程体系目标各异,功能各异,分别承担着各自的育人任务,形成了整体的学生自我发展的生态环境。这种环境为学生自我发展提供了自然、和谐、可持续的发展空间。在此空间里,学生可以自由地展示自我的智慧和情感,学会自主,学会选择,学会创造。这种环境遵循学生自我发展的规律,使学生的尊严、价值、个性和自我意义得到张扬,使科学与理性闪烁出人性的光辉。这种环境让学生在学校的学习更加快乐,科学精神和人文素养得到更快的提升,生活更加有品位;让学生发展更加自然,更加全面和谐,更具可持续性;让学生自我发展的欲望更强,自我发展的能力更强,自我发展的道路更通畅。

当前,新课程把发展学生核心素养,培养学生的创新精神、实践能力和健全人格作为基本目标。随着新一轮课程改革全面、深入、持久地推进,学校应该努力创造条件构建重基础、多样化、有层次、综合性的课程,为学生提供更多选择,让学生在自主选择和主动学习中实现个性化发展。

三、生态型课程体系的内容

2019 年 6 月,《指导意见》重申了以往对普通高中的规定:要依照普通高中课程方案,开齐开足国家规定的各类课程,特别是要开齐开足综合实践活动、体育与健康、艺术和理化生实验等课程。普通高中要依据学校办学理念、文化传统和自身基础,着眼提升学生的核心素养,发展学生的个性特长,满足学生选课选考的需求,加强校本特色课程建设,积极开展多种多样的社团活动,以满足学生的不同兴趣、不同水平、不同选课要求。有条件的普通高中还可以与中职学校开展课程互选、学分互认、资源互通,促进高水平的普职融通。

生态型课程体系涵盖国家课程、地方课程和校本课程。校本课程是学校在实施好国家课程和地方课程的前提下,开发的适合本校实际的、具有学校自身特点的课程。校本课程是国家课程和地方课程实施的催化剂和助推器。不同类型的学生个体,占据着不同的资源和位置,存在着不同的资源需求,能够适应学生发展的课程才是生态型课程。生态型校本课程体系是以学生、教师为主体,在具体实施国家课程和地方课程的前提下,通过对本校学生的需求进行科学评估,充分利用学校和当地社区的课程资源,根据学校的办学思想和目标,开发的可供学生选择的丰富多样的校本课程资源。

当前普通高中基于学情和校情的现实考量,提出了"能行教育立本,多元发展育人"的办学思想,实施"生态教育",在生态型课程育人体系下建立了"三层六翼"生态型校本课程体系,立足于校情、学情,引领学生认识到学习的价值,使学生学会学习,助推核心素养落地。坚持课程服务于教学、服务于师生,以学论教、以学促教、以教促学,让课程成为全面提高学生综合素质和学业成绩的新增长点。

(一)走班必修课程

走班必修课程的两翼分别为"双考"课程和衔接课程。

"双考"课程包括学业水平合格考试(以下简称"合格考")课程及学业水平等级考试(以下简称"高考")课程。合格考课程又分为学考常规课程、学考检测课程、学考拔高课程。高考课程则以选课走班选定的六个学科为主,在新授课阶段可以进行专题或主题课程开发;进入高三备考阶段开展一轮复习、二轮复习、三轮复习时,可以进行专题复习课程设计。

衔接课程则包括初高中衔接课程、高一与高二衔接课程、高二与高三衔接课程。

(二)拓展校本课程

拓展校本课程分为培优课程和纠偏课程。

(1)培优课程。如语文作文培优课程和阅读指导培优课程、数学专题培优课程、英语竞赛辅导课程和专题培优课程。培优课程是因材施教、培养学生个性特长的有效措施,是全面提高教学质量的重要途径。该课程依托学校和年级部的社团活动实施。学校根据学生自愿申报的原则进行重组分班,分学科单独指导,共有九大学科社团和日语社组织开展活动。各学科社团将从习惯养成、方法指导、重点知识讲解、学科能力训练、心理辅导等方面开展系列活动,全面提高学生的学科核心素养。

(2)纠偏课程。针对偏科学生进行有针对性的辅导,各学科可以根据学生实际进行专题课程设计。该课程根据学生自身学习过程中存在的弱科,以年级为单位组班,教师根据学生的薄弱点进行专题备课,主要围绕本学科的一些学习方法、基本规范和要求展开,让学生首先从一些基本学习方法入手,形成学科思维,进而巩固基础知识,拓展思维。

(三)特色实践课程

特色实践课程分为职业兴趣课程和德智融合课程。

(1)职业兴趣课程。为了更好地发展学生的职业兴趣,学校提前选拔具有不同特长的学生,在高一入学阶段便开设生涯规划课程,指导学生了解不同行业,发现自己的职业兴趣,为接下来的选课走班做铺垫。学校在整合校内及校外资源的基础上,以学生职业兴趣为落脚点,先后开发了不同类型的职业兴趣课程,如音体美兴趣课程(声乐、器乐、乐理、舞蹈、足球、篮球、排球、水彩、素描、油画、国画等课程)、服务类行业课程(空乘、模特、护理等课程)、学科渗透课程(基于 STEM 教育理念开展的项目式教学课程)、心理健康课程、校本活动课程(升旗仪式、开学典礼、毕业典礼、消防演练、禁毒活动、志愿服务活动等)、其他课程(播音主持、种植、财经、电气自动化等课程)。

(2)德智融合课程。校本课程开发通常是跨学科跨领域的,所以需要打破学科界限。这就需要不同学科之间加强融合交流,特别是相近学科。如理化生和政史地这两大类学科,教师要互相听课学习,通过听课来了解其他学科中有哪些知识点与自己所任教的学科相关联。学校教学管理部门可以定期组织不同学科、不同年级的相关学科进行融合教研,不同学科的教师在一起共同研究相关问题,引起思维碰撞,在教研交流的过程中,对校本课程产生思想、观念、情感上的认同。每位教师都积极思考不同学科之间的知识重合点,实现学科间的资源互通,为校本课程的开发奠定基础。通过学科之间的融合,我们开发出德智融合课程,如学科渗透课程("历史地理学""制度自信在高中历史教材中的体现""道路与理论自信在高中历史教材中的体现")、校本活动课程("行走地理——地理老师带你看人文""加强法治教育推进依法治国""科技人文融合创新项目")。

学校通过开设德智融合课程,在对学生进行德育的同时,促进学生智力的开发、学习能力的提升,引导他们实现德智体美劳全面发展,从而助力落实立德树人的根本任务。

四、生态型课程体系开发实施的意义

现代教育理论认为,教师要营造民主、和谐、宽松的学习氛围,将学生熟悉的生活与课堂、教材结合起来,让学生在学习的过程中主动追求人生经验与意义的建构,使课堂和教材真正成为学生生活经验的源泉。课程就是架构生活与学校,联系过去、现在和未来的重要桥梁。为此,普通高中生态型课程体系的开发与实施就要依托于教育改革中综合课程体系的建立,结合社会发展需要、教育改革要求以及学校自身的教育理念和环境进行研究,致力于培养多样化、个性化及有利于社会可持续发展的新型人才。

孔子尊五经行四教而培育弟子三千,杜威奉实用主义的法门而影响了陶行知、胡适,可见课程倾向对学生价值观的形成有着深远的影响。生态型课程理论认为,丰富的课程造就学校独特的品质,也孕育着学生无限的未来。在当前各种价值观流行的社会环境下,通过生态型课程的开发与实施,一方面可以润泽学生生命的"绿水青山",引领学生形成正确的价值观,为其生命打好底色;另一方面,可以开发学生生命的"金山银山",打开学生智能的多扇窗子,让其生命焕发出本来的光彩,激发他们的潜能,为其将来的发展打下基础。

普通高中接受教育的主体是正处于青春期的高中生,所以进行生态型课程的开发研究对学生的成长与发展具有现实意义,对学校的内涵发展来说是必由之路,对改变周围教育生态、社会生态也具有更深远的影响。

生态型课程体系的实施与评价

生态型课程体系的实施与评价是构建生态型育人模式的关键环节,即教育者应从人与自然相互依存、和睦相处的生态观出发,引导受教育者实现可持续发展。本节内容从生态型课程体系的实施路径、管理、评价三个方面展开论述。

一、生态型课程体系的实施路径

(一)理念引领

课程生态观要求我们从培养学生核心素养与自我发展的角度去研究课程。学科课程核心要从"文本"转向"体验",从静态的知识型转向动态的生命型。我们要克服应试教育的影响,将培养健康的审美情趣、追求真善美的人生境界、确立积极的人生态度、塑造健全的人格、培养坚强的意志等情感教育视为教学的重要组成部分,通过人文与社会领域的体验学习,追求完整意义上的"人之发展"。为此,生态型课程体系的实施要坚持生态理念的引领。

第一,自然和谐。法国教育家卢梭曾说:"教育必须顺其自然——也就是顺其天性而为,否则必然产生本性断伤的结果。"这引导我们要注重教师与学生和谐、学生与学生和谐,内容与目标和谐,方法与手段和谐,现代技术与传统常识和谐、课内与课外和谐等。师生在和谐中自然地成长,达成和谐共生的自然情境。

第二,互动生成。教学不应是全预设的过程,而应是在互动、对话、创造、体验、探究、合作中生成的过程。在互动过程中,师生、生生间进行信息的交流、能量的传递、智慧的创生,实现了知识的获得、思维的碰撞、情感的融合,促进师生形成"学习共同体"。"学习共同体"是师生共同学习、共同体验、共同成长的生命体。

第三,开放、可持续。课程离不开课堂和教材,而课堂和教材不是封闭、孤立的。教师要积极开发课程资源,使课堂和教材具有蓬勃的生命力、无尽的延展力,这正是开放的课堂和教材所产生的效力。我们要拓展学生的能力和素质发展的空间,让学生的发展持续进行。生态教学在生态理念引领下,引导学生学会正确处理人与人、人与自然、人与社会的关系,获得终身发展自我的能力。

生态型课程尊重学生的发展规律和学科教学规律,提倡个性化、多样化、特色化的教学理念,既发挥了各学科的育人优势,又注重学科间的融合,以实现立德树人的根本任务。

(二)系统整合

生态型课程体系的实施,主要是在学科内、学科间与学校活动间进行统整。

1. 内部统整走班必修课程

学校开展学科内统整研究,主要是对国家课程"校本化实施"进行优化。高一学段主要是针对学业水平考试开设学业水平合格考试课程。四大学科组在对教材充分整合的基础上,把握好知识的重难点和合格考高频考点,帮助学生顺利完成合格考,并且争取最优等次。高二、高三学段开设的课程主要是学业水平等级考试课程,即高考课程。学生在自己的职业规划和学习成绩分析的基础上确定高考选修的六门课程,学校以学生自愿申报为原则重新进行组合走班。教师在原有学科"单元教学目标"统整的基础上,围绕学情,研究新课程标准,紧紧围绕《普通高中课程方案和学科课程标准(2017 年版 2020 年修订)》和《中国高考评价体系》提出的"一核四层四翼"内容,对教材做纵向和横向梳理,统整融合,进行专题复习课程、高频考点课程、高考热点课程等课程的设计。

2. 外部激活拓展校本课程

校本课程是基于学校办学特色、学生实际需求和学校资源优势,开设的一种与国家、地方课程紧密结合的课程。准确地说,校本课程是基于学科课程设置的校本化活动课程,是学科课程以外的横向延展,如针对高三历史学科课程,开设面向选考历史的学生的"春秋历史社"。开设校本课程要遵循以学生发展为本的原则,从学校的实际出发,满足学生实际发展需要,发挥学生的主体作用,选择丰富多彩的教学方式,体现学校的办学思想和特色。学校的校本课程应着眼于学生学习成绩的实际情况,结合学校的办学目标和传统优势,有效利用校内外各种课程资源,合理开发,整体优化,稳步实施。普通高中可以组建以年级部为单位的九大学科社团。我校三个年级部开发了立足于学生实际的培优补差校本教材,根据学生的实际情况,利用每周固定时间和早晚两餐后碎片化时间相结合的方式,给学生单独辅导,培优补差。全校制定了一个适应学生个性化发展和潜能开发的、完备而富有弹性的运行机制,真正实现了"以学生发展为本"的教育理念,充分体现了师生的自主性和创造性,体现了"立足学生自我发展"的办学特色,促进每一个学生健康而富有个性地发展。

3. 全力打造精品特色实践课程

我们构建学校、年级和班级三个层级的学生自主管理体系,着力培养学生实践能力和必备品格,并取得了良好的成效。为了更好地开展德育工作,更好地落实立德树人的根本任务,发挥课程、文化、活动、实践、管理等的协同育人功效,学校构建了特色实践课程。该课程的实施就是要充分借助学校社团活动、体育特色项目、志愿服务、社会实践、阳光大课间、体育节、艺术节、科技节等平台为学生扬长发展拓宽通道;以社团活动为依托,以各种校级大型活动为抓手,对学生进行习惯培养、生命教学、励志教育、劳动教育等。

社团课程是根据学生的兴趣爱好开展的选修课程,分为"校级社团"和"级部社团"两部分。普通高中可以根据学校的教学计划,选择固定时间开展社团活动,尽最大努力挖掘教育资源,成立不同社团,如东营市第二中学成立了七月文学社、尚真书法社、倚天司法社、生物探秘社、地理行知社等。学校以社团活动为载体,为学生提供了一个学习知识、拓宽视野、陶冶情操的平台。例如,司法社团邀请了著名律师为学生做预防校园犯罪的专题报告,全体学生收看现场直播。报告从青少年吸毒案例入手,从刑法的角度讲解了侮辱罪、偷盗罪、传播淫秽物品罪等青少年容易触犯的几种犯罪类型,纠正了"青少年=不处罚"的错误观念;从刑事处罚、民事赔偿、社会舆论、影响前途四个角度分析了校园犯罪的危害性,提出了应对校园犯罪的措施和三个原则(不确定原则、双重原则、询问原则)。整场报告联系实际,以案释法,以法论事,使学生深受教育,获益良多。

普通高中在"生态教育"办学主题引领下,立足学生自我发展,让学生走向社会、走进生活、走进社区,开展社会调查、社会体验和社会实践等活动,既可以增强学生的劳动观念和社会责任感,又可以在社会的开放环境中锻炼学生发现问题、探究问题、解决问题的能力,使学生的素养得到提升。特色实践课程为学生搭建了展现自己和实现个性化发展的平台,让学生在自信快乐中健康成长。

4.精心建设隐性文化课程

隐性文化课程即彰显校园文化的课程,学校的一草一木、一廊一道皆课程。我校采用大量节能降耗的新技术建筑材料,营造四季花香、常年绿意的环境,采购保护师生健康、环保设施完备、排放达标的配套设施,使校园成为天然绿色大氧吧,为师生创造了绿色、环保、优美、舒适的学习工作环境。学校以生态理念营造校园文化,让学校从墙壁到楼道、从班级到厅堂,处处弥漫着生态文化的气息。

(三)措施保障

1.生态型教师团队支撑课程体系实施

教师是课程最直接的实施者。我们倡导教师一专多能,做研究型教师,将课程的开发和实施作为一项科学研究和创造性活动,通过校内外培训、课题研究等形式,培养教师的生态型课程文化自觉。

2. 专家引领促进课程体系实施

教师的专业化发展以及校本研修的开展都离不开高水平的专业引领。我校通过调研问卷的方式,充分了解、分析学校教师的思想现状及对校本培训的需求,采取专家引领的方式,从实践和理论两个层面聘请市内有威望的专家担任学校的课题顾问或教学顾问,邀请他们每月或每学期都到校指导校本研修、教师专业化发展、有效课堂研究等工作。

3. 生态型课堂夯实课程体系实施

近几年,我校对课堂教学进行了探索研究,努力让课堂成为学生充分体验自主参与、合作分享之快乐的生态乐园,学生在获得共同发展的同时又能充分展示自己智能优势的生态舞台,学生通过创新性的课堂学习不断产生自我增值效能的生态沃土。学校致力于构建"互动体验、合作分享、自我增值"生态型课堂,从而夯实生态型课程体系的实施。

4. 家校社爱心网络助力课程体系实施

学校实施生态型课程体系,离不开家长和社会的理解与支持。学校要正视并听取来自学生及家长、社区的声音,为他们参与学校课程建设创造机会,让学校课程建设走向生态、开放和民主。学校要充分发挥优秀家长的资源优势,开展家长义工、社区义工进校园活动(安全教育讲座、青春期教育讲座、法律知识讲座、摄影培训等)和家长义工进课堂活动。

二、生态型课程体系的评价

生态型课程体系主要从以下三个方面进行评价。

第一,从教研组、备课组开发校本课程及校本教材的情况进行评价与考核。近年来,学校一直把校本课程及校本教材的开发作为考评教研组、名师工作室工作的主要内容,这使二者在校本课程及校本教材的开发上颇见成效。学校每学年将教研组、备课组完成校本课程及校本教材设计与开发的具体成果作为二者的重要考核依据,有力地促进了学校的教学研究、课程改革及课程基地建设。

第二,从学生研修校本课程的情况进行评价与考核。生态型课程体系的开发与实施最终是为了满足学生的发展需要,促进学生的个性化发展。学校把每个学生研修校本课程的情况作为学生评价的一个重要指标,要求学生在刚进高中时就必须学习选课手册,对学生必修校本课程的研修情况进行如实记录,并将其纳入学生社会综合实践课程考评体系。对于选修的校本课程,学校规定学生在高一、高二四个学期必须选修四门课程,每门课程有 1 学分,四个学期必须修满 4 学分。

第三，从教师开设校本课程的情况进行评价与考核。学校把校本课程开发、课程开设作为考评教师科研能力的重要指标，以促进教师的专业发展。校本课程的开发需要教师对学科专业进行深层次的钻研与思考，对课程开发方面的知识进行重新构建，需要教师具有团队合作精神，这使学校教师的专业素养更加深厚。许多教师就是把自己在平时教学过程中积累的一些问题、想法结合学生的发展需要进行整合，开发出了许多深受学生欢迎的校本课程。这样的研究往往切合实际，更具实用性。

总之，生态型课程体系的建设，对于引领学生个性化发展、促进教师专业性成长是必不可少的。学校在构建生态型校本课程体系的过程中，要完善考评机制，提升管理效能，丰富办学内涵。在社会多元化、学生发展需求多元化的今天，学校教育也要不断更新，而不断开发与完善校本课程、有序地实施校本课程就是有效更新教育的方式。

第三章

生态型校本课程开发案例

第一节 德育课程开发案例

"高三时政备考教材"课程纲要

课程名称	高三时政备考教材			
适用年级	高 三	总课时	14	课程类型	校本拓展类
课程简介	本课程是面向高三年级学生的高考备考课程。课程分为两大部分:国家重大会议政策文件和10个时政专题分析——北斗组网、民法典颁布、香港国安法通过、深圳特区40周年、直播电商、地摊经济、双循环经济发展格局、中共十九届五中全会召开等10个2020年下半年的典型新闻事件。每个时政专题分析由时事背景、背景解读、考点链接、当堂练习四部分组成,意在拓宽学生的知识视野,增加学生的时政储备,提高学生的时事敏锐度和分析社会时事的能力				
背景分析	面对百年未有之大变局,新时代的高中生必须具有广阔的知识视野,不仅要系统掌握自然科学知识,还要了解我国复杂的国情,认识开放的世界,了解中国近期发生了什么,党和国家是如何应对的。我们结合学校正在实施的"践行生态教育理念,构建生态型课堂"活动,充分利用时政内容在时间上和空间上与学生距离比较近,可信度高,感染力、影响力强的特点,运用教材有关知识去分析时政,极大地调动了学生的学习兴趣,营造了师生和谐相融的氛围。 时政教学是对学生进行党和国家重大路线方针政策的教育,是透视社会热点、把握时代特征、正确认识形势的一种教学。它不但能使学生透过这扇"窗"了解国内外大事,而且能理论联系实际,提高教学质量,增强教育效果,帮助学生提高分析判断能力和洞察时事能力,培养学生良好的政治学科素养。本课程是当今时代发展的需要,是顺应新高考改革的需要,是落实核心素养目标的要求。 本课程是政治学科的校本选修课程,学习对象为高三年级的学生。在学习与课程相关的政治、地理、历史等学科的基础上,我们旨在通过本课程培养学生关注时政的意识和获取信息、总结归纳、分析说明问题的能力,这对于扩大学生的知识面,完善其认知结构,培养其综合能力具有重要的促进作用				
课程目标	知识目标。学生通过学习,了解和掌握2020年下半年国家的重大时政事件和方针政策,并了解这些事件对我国社会生活产生的影响。 能力目标。教师指导学生在网络环境或者其他开放的环境中,搜集、提取国内外重大时政信息,并对之进行对比、归类,提高学生分析、归纳有效信息的能力;指导学生进行角色扮演、合作探究和分析讨论,培养其论证、辩驳、思辨能力,提高其语言表达和文字表达能力。 素养目标。学生通过本课程的学习,拓宽视野和知识面,提高尝试运用所学理论知识分析国内外重大时政的能力,深刻理解党和国家的路线方针政策,坚定中国特色社会主义理想信念,坚定"四个自信"				

课程名称	高三时政备考教材			
适用年级	高 三	总课时	14	课程类型	校本拓展类

学习主题/活动安排(请列出教学进度,包括日期、周次、内容、实施要求)	一、学习主题 本课程安排14课时,每课时的主题不同,教学进度会有所差别,初步安排如下: 第一周第一课时:高考时政备考(一)——北斗卫星全球组网; 第二周第二课时:高考时政备考(二)——香港国安法通过; 第三周第三课时:高考时政备考(三)——地摊经济; 第四周第四课时:高考时政备考(四)——新型基础设施建设; 第五周第五课时:高考时政备考(五)——电商直播; 第六周第六课时:高考时政备考(六)——全国抗击新冠肺炎疫情表彰大会; 第七周第七课时:习近平在全国抗击新冠肺炎疫情表彰大会上的讲话; 第八周第八课时:高考时政备考(七)——《中华人民共和国民法典》; 第九周第九课时:高考时政备考(八)——深圳经济特区成立40周年; 第十、十一周第十、十一课时:高考时政备考(九)——双循环经济发展新格局; 第十二、十三周第十二、十三课时:高考时政备考(十)——党的十九届五中全会; 第十四周第十四课时:党的十九届五中全会报告。 二、实施要求 (1)学生主体原则。学生不单是知识的学习者、接受者,同时还是认知活动的积极参与者。教师在探究活动中要充分发挥学生的主体作用,使学生主动探讨自己已有知识经验的合理性、确定性和局限性。课程目标和能力目标应该由学生自己讨论、合作探究实现。 (2)融合性原则。时政事件涵盖政治、经济、文化、自然、哲学等各个领域,是政治学科各模块和各学科知识的融合。教师在探究活动中要注意跨模块、跨学科知识的融合,使学生个体的认识发展在各学科知识碰撞、比较、思考后,能克服自己思维和知识的局限性,从而提高批判思维能力和创新思维能力。 (3)即时性原则。时政课程的特点是典型、即时、新颖。教学中教师要充分利用合适的时机进行即时教学和专题教学,以取得良好的教学效果,培养学生的时事敏感度和关注度
活动评价/成绩评定	一、形成性评价 　　学生自评和互评。学生依照上课前后的变化,做出自我评价,在合作探究活动的小组展示中各自表现并进行同伴互评。 　　教师评价。平时上课时对学生在合作探究中的课堂表现做出过程性评价,充分利用每个专题后面的巩固练习进行量化评价。 　　具体评价方式。对学生创新学习参与度的评价,包括四小项——师生互动、气氛活跃,围绕主题、提出问题,积极思维、踊跃参与,准确交流、及时反馈;对学生质疑求异活跃度的评价,包括四小项——主动探究质疑,质疑手段多样,发散思路独特,变通复杂对应;对学生探究实践延伸度的评价,包括四小项——成果展示新颖,资料收集广泛,主题设计创新,媒体运用熟练。各小项均分为a,b,c 三个等级。 　　二、终结性评价 　　每个专题后都有一个巩固练习,教师根据学生完成情况打分(共 A,B,C 三个分类评价等级);根据教学安排,终结性评价结合每次月考成绩(每次月考试题中均包含时政专题的相关知识)进行;综合形成性评价和终结性评价结果,得出课程评价的最终等级
主要参考资料	《中学生时事政治报》《时事》杂志、"学习强国"学习平台以及"新华网""人民网"等网站
备　注	无

"高三时政备考教材"课时教案

【单元主题】党的十九届五中全会

【主题】党的十九届五中全会的中国共产党

背景分析

党的十九届五中全会是党和国家政治生活中的大事件,为2021年3月召开的全国两会奠定总基调,在2021年时政高考备考中占据着非常重要的地位。学生根据已掌握的关于党的领导、人民当家作主和社会主义民主政治的知识,分析中共十九届五中全会相关政策和制定政策的过程。

本节课力求运用新课程标准中议题式、活动型课程要求进行教学设计,以提升学生的学科核心素养和分析理解教材的能力。

教学目标

学生通过党的十九届五中全会精神的学习,思考和探究"中国共产党为什么能带领中国人民实现历史性跨越",找出"新时代的中国人你更应该自信的理由",从政治角度概括"中国赢了"的背后原因,理解新时代新发展阶段加强党的领导的必要性,进而深刻理解"中国特色社会主义制度的最大优势是中国共产党领导,中国共产党是代表全体人民整体利益的最高政治领导力量",增强对中国共产党执政的政治认同,坚定"四个自信",自觉树立跟党走的信念。

教学重难点

本主题的重点:党的十九届五中全会中党的相关知识整合。

难点分析:党的十九届五中全会中的社会主义民主政治现象分析。

评价设计

(一)形成性评价

学生自评和互评:学生根据课前预习情况做出自我评价,在合作探究活动的小组展示中各自表现并进行同伴互评。

教师评价:教师平时上课时对学生在合作探究中的课堂表现做出过程性评价,对学生创新学习参与度的评价包括四小项——师生互动、气氛活跃,围绕主题、提出问题,积极思维、踊跃参与,准确交流、及时反馈。

(二)终结性评价

学生课后完成专题巩固练习,教师根据学生完成情况打分(共A,B,C三个分类评价等级)。

教学活动设计

环节一：课前合作预习

(一)预习课文63页第1～3段和66～67页内容

(1)中国共产党领导和执政地位的确立。

(2)坚持党对一切工作的领导。

(3)中国共产党的性质、宗旨和指导思想。

(二)在"政治学科"微信公众号上观看视频

《新时代的中国信心》完整视频、中共十九届五中全会混剪视频。

要求：

(1)找出"新时代的中国人更应该自信的理由"。

(2)从政治角度概括"中国赢了"的背后原因。

环节二：快速梳理知识

在预习的基础上,教师在课堂上与学生一起快速梳理中国共产党的性质、宗旨、奋斗目标、执政理念、指导思想、地位作用等知识,为接下来探究活动的开展奠定知识基础。

环节三：观看视频,合作探究

(1)为什么说中国共产党是代表全体人民整体利益的政治力量？有哪些知识点能够说明？

(2)"民为邦本,本固邦宁"体现了什么思想？在今天的中国政治生活中有何体现？

视频1内容简介

张维为教授的演讲主要是通过中国和美国"五有"与"五没有"的比较,介绍中国今天经济建设取得的辉煌成就,概括"新时代的中国人更应该自信的理由"：中国找到了一条成功的道路,中国有一个代表全体人民整体利益的政治力量——中国共产党,能够进行改革,能够更好地发挥市场的作用和政府的作用。

师:大家找到"新时代的中国人你更应该自信的理由"了吗？

生1:中国的"四最"——最大经济体(根据购买力评价)、最大的中产阶层、最多的外汇储备、输出最多的游客。

生2:中国的扶贫成就——消灭了占世界80%的贫困。

生 3:中国的高铁、公路、4G、5G 迅速发展,中国实现了从站起来到富起来,再到强起来。

生 4:中国找到了一条成功的道路;按三条标准比较,中国胜出了:中国有一个代表全体人民整体利益的政治力量——中国共产党,能够进行改革,能够更好地发挥市场的作用和政府的作用。

师:同学们说得太好了! 哪位同学能从政治角度概括"中国赢了"的背后原因?

生 5:"民为邦本,本固邦宁"的民本主义思想。中国领导人的产生是"选拔 + 选举"。中国共产党是代表全体人民整体利益的政治力量。

师:为什么说中国共产党是代表全体人民整体利益的政治力量? 有哪些知识点能够说明?

生 6:中国共产党是执政党,中国特色社会主义最本质的特征是中国共产党领导,中国特色社会主义的最大优势是中国共产党领导,中国共产党是最高政治领导力量。

师:很好。这是从中国共产党地位的角度来说的,还有哪些知识点能够说明?

生 7:中国共产党的性质、宗旨、执政理念、奋斗目标等知识点也能说明中国共产党是代表全体人民整体利益的政治力量。

学以致用,讨论问题

中华人民共和国成立 70 多年,中国共产党领导人民创造了世所罕见的经济快速发展奇迹和社会长期稳定奇迹。"两大奇迹"表明,中国特色社会主义制度和国家治理体系是能够持续推动国家发展进步、保持社会长期稳定的制度和治理体系,是能够造福全国各族人民、深得全国各族人民拥护的制度和治理体系。习近平总书记在《关于〈中共中央关于制定国民经济和社会发展第十四个五年规划和二〇三五年远景目标的建议〉的说明》中指出:"我国有独特的政治优势、制度优势、发展优势和机遇优势,经济社会发展依然有诸多有利条件,我们完全有信心、有底气、有能力谱写'两大奇迹'新篇章。"这是习近平总书记站在"两个一百年"奋斗目标历史交汇点上、全面建成小康社会胜利在望、全面建设社会主义现代化国家新征程即将开启的重要历史时刻做出的重大政治判断,充分体现了以习近平同志为核心的党中央和全党全国各族人民对中国特色社会主义的坚定自信,对于统一思想、凝聚力量、振奋精神,夺取新胜利、创造新伟业,具有重大的现实意义和深远的历史意义。

教师引导学生结合材料,运用《政治生活》知识,分析说明中国共产党是如何领导中国人民创造"两大奇迹"的。

（1）学生讨论：引导学生从中国共产党的性质、宗旨、领导地位、执政理念、执政方式等方面思考。

（2）给出参考答案：

① 发挥中国特色社会主义事业的领导核心作用。中国共产党的领导是中国特色社会主义最本质的特征，是中国特色社会主义制度的最大优势。中国共产党是最高政治领导力量。要坚持中国共产党的全面领导，总揽全局、协调各方，调动一切积极因素，集中力量办大事。中国共产党通过召开会议，出台相关政策和方针，领导中国人民创造"两大奇迹"。

② 坚持科学执政、民主执政和依法执政，把握国家治理规律，提高中国共产党的执政能力。

③ 坚持立党为公、执政为民，坚持以人民为中心，提高国家治理水平，推动国家治理体系和结构的调整。

（3）学生讨论完善后的答案：

① 中国共产党是中国最高政治领导力量，中国共产党的领导是中国特色社会主义最本质的特征，是中国特色社会主义制度的最大优势。要坚持中国共产党的全面领导，总揽全局、协调各方，调动一切积极因素，集中力量办大事。中国共产党通过召开会议，出台相关政策和方针，领导中国人民创造"两大奇迹"。

② 以科学理论为指导，开辟了中国特色社会主义道路。

③ 立足国情，尊重经济社会发展规律，坚持科学执政、民主执政、依法执政，提高中国共产党的执政能力。

④ 始终牢记初心和使命，坚持人民主体地位，把人民对美好生活的向往作为奋斗目标，一代一代接续奋斗。

⑤ 坚持和贯彻民主集中制原则，做到全国一盘棋，协调推动国家治理体系建设。

环节四：知识拓展，教师讲解

（一）"党政军民学、东西南北中，党领导一切"知识拓展讲解

"党领导一切"这一概念最早出现在 1942 年，"党应当领导一切其他组织，如军队、政府与民众团体"。

1954 年 9 月 15 日，毛泽东同志在第一届全国人民代表大会第一次会议的开幕词中明确指出："领导我们事业的核心力量是中国共产党。"

1962 年 1 月 30 日，毛泽东同志在中央工作会议上指出："工、农、商、学、兵、政、党这七个方面，党是领导一切的。党要领导工业、农业、商业、文化教育、军队和政府。"

1973 年 12 月,毛泽东同志说:"政治局是管全部的,党政军民学、东西南北中。"毛泽东同志认为,所谓党领导一切,并不等于包揽一切,仅仅是指政权、军队、民众团体等组织接受党的政治领导,领导一切是指大政方针的领导,不是具体事务上的包揽一切。

在党的十九大报告中,习近平总书记再次重申"坚持党对一切工作的领导",并将它置于新时代坚持和发展中国特色社会主义基本方略的第一条。他形象地说,这就像"'众星捧月',这个'月'就是中国共产党。在国家治理体系的大棋局中,党中央是坐镇中军帐的'帅',车马炮各展其长,一盘棋大局分明"。党政军民学、东西南北中,党是领导一切的。各个领域、各个方面都必须自觉坚持党的领导,突出党的核心领导地位,发挥好领导核心作用。

专家点评:在我国政治生活中,党是居于领导地位的,加强党的集中统一领导,支持人大、政府、政协、监察委员会、法院、检察院依法依章程履行职能、开展工作、发挥作用,这两个方面是统一的。

(二)总结归纳下列材料,命制一至两道题目

2020 年 7 月,中共中央政治局召开会议,决定 10 月在北京召开党的十九届五中全会,研究制定《中共中央关于制定国民经济和社会发展第十四个五年规划和二〇三五年远景目标的建议》(以下简称《建议》)。8 月 16 日,对"十四五"规划编制工作开始在网上征求意见。据统计,8 月 16—29 日,累计收到网民建言超过101.8 万条。9 月,中共中央政治局召开会议,听取《建议》稿在党内外一定范围和网上征求意见的情况报告,决定根据会议讨论的意见进行修改后将文件稿提请党的十九届五中全会审议。10 月 26—29 日,党的十九届五中全会在北京召开,会议审议通过了《建议》,为未来 5～15 年中国发展擘画了蓝图。《建议》在党的十九届五中全会上通过后,国务院据此组织起草《国民经济和社会发展第十四个五年规划纲要》草案。草案将在明年(2021 年)全国两会上经由全国人大表决通过,成为未来五年我国发展最权威的纲领性文件。

从 1953 年开始,我国已编制实施了 13 个五年规划(计划),有力地推动了我国经济社会发展、综合国力提升、人民生活改善。一部部中国五年规划的历史,可谓一部部新中国的成长和发展史,不断彰显中国特色社会主义制度的独特优势。

选取学生命制的优质试题,展示如下:

(1)结合材料,运用《政治生活》知识,说明"十四五"规划的制定是如何彰显中国特色社会主义制度的独特优势的。

（2）结合材料,运用《政治生活》知识,说明"十四五"规划的制定为什么要先由中国共产党提出建议,再在全国两会上经由全国人大表决通过。

经过讨论完善后的结论:

（1）中国共产党总揽全局,科学谋划,审议并通过《建议》,彰显了坚持党的集中统一领导的制度优势。

对"十四五"规划编制工作在网上征求意见,《建议》稿在党内外一定范围和网上征求意见等行为,彰显了坚持人民当家作主,密切联系群众的制度优势。

"十四五"规划纲要草案将在全国两会上经由全国人大表决通过,彰显了我国坚持人民代表大会制度的制度优势。

"十四五"规划的制定过程贯彻了民主集中制原则和依法治国方略,充分体现了党的领导、人民当家作主和依法治国的有机统一。

（2）中国共产党是中国最高政治领导力量,党政军民学、东西南北中,党是领导一切的。

中国共产党提出制定"十四五"规划的建议,体现了中国共产党是中国特色社会主义事业的领导核心,坚持对国家的政治领导。

人民代表大会制度是我国的根本政治制度。全国人大是我国最高国家权力机关,行使最高决定权。

"十四五"规划纲要草案最终要经由全国人大表决通过,才会成为未来五年我国发展最权威的纲领性文件,并使党的主张变为国家意志。

党的"十四五"规划纲要草案制定过程如图 3-1 所示。

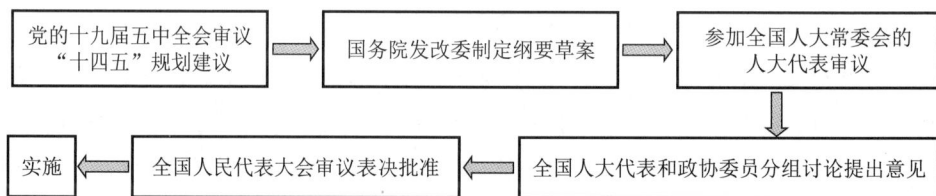

图 3-1 "十四五"规划纲要草案制定过程

备 注

本节课力图运用新课程标准中议题式、活动型课程要求进行教学设计,以提升学生的学科核心素养和理解分析教材的能力。新课程标准的议题是:新发展阶段中国共产党擘画宏伟蓝图。本节课的教学设计从以下几个方面体现了议题式、活动型学科课程的要求:

（1）撰写教学目标要体现学科素养与学科能力的达成。教学目标设计是活动型教学设计的出发点和归宿,对课堂教学起着统领作用。本设计尝试对活动型教学设计的撰写方式进行创新,采用"素养目标"的全新陈述方式,将传统的三维目标的表述方式转化为融知识、能力、素养目标为一体的更简洁的表述方式。

（2）精选视频资源,围绕议题,设计序列化的教学活动。围绕议题,设计序列化的教学活动,是新课程标准对活动型教学设计的要求。本节课通过序列化的教学活动,引导学生独立思考、小组合作讨论分享,五环节层层推进,达成教学目标。如何引导学生有效参与课堂活动?活动型课堂该如何设计才能避免空洞?如何达成学科素养和理论目标?这些问题都需要教师创造性地开展落实。因此,本节课从改革开放以来党领导人民建设中国特色社会主义所取得的辉煌成就切入,以观看视频这一直观生动的方式,围绕剪辑视频设计探究问题,引导学生独立思考、小组合作讨论分享,给予学生更多的表达和阐释的机会,用"生动故事"打动学生心灵,使学生愿意理解和接受"深刻道理"。从课堂效果看,学生被吸引、被唤醒、被触动,师生互动,思维延展;学生基于生动的事例思考问题、感知教材、理解教材,在提高分析问题能力的同时也增强了政治认同,效果很好!事实证明,只要我们以透彻的学理分析回应学生,以思想理论说服学生,用真理的强大力量引导学生,就能取得好的教育成效。

（3）突出新课程标准议题的核心作用。议题是活动型教学设计的核心,围绕议题,设计教学活动。教师围绕"新发展阶段中国共产党擘画宏伟蓝图"这一议题,首先确立本节课的教学目标、教学重点和教学难点。然后围绕这一议题,选择2个视频:一个视频偏重说明新中国成立70年中国共产党带领人民取得的辉煌成就;另一个视频偏重说明新时代新征程,中国共产党为中华民族复兴擘画的宏伟蓝图。接着设计序列化的探究活动,引导学生思考探究,进而达成教学目标。课前预习任务的设计、探究问题的设计、教师知识的讲解,所有环节都紧紧围绕这一议题展开。

（4）发挥"政治学科"微信公众号的作用,为课堂教学服务。本节课容量大,观看视频耗时较长,因此要紧扣议题,统筹分配好课前和课上的时间和任务,做好课前预习任务布置。教师利用"政治学科"微信公众号,布置学生提前观看完整视频,拓宽视野,为课堂上高效完成教学任务做好准备。课堂上再通过观看剪辑视频,启发学生深入思考,更好地完成相应的教学任务,培养学生的政治认同、科学精神等学科素养。

第二节　智育课程开发案例

"高中物理自制教具的研究与开发"课程纲要

课程名称	高中物理自制教具的研究与开发				
适用年级	高一、高二	总课时	14	课程类型	启智课程
课程简介	实验的校本化,是指根据教材中的实验,结合学校的实验条件和学生的生活实际,充分利用现代仪器设备或者日常用品、废旧材料对学生实验、演示实验、课后小实验等进行适当的改进和开发,使实验形式更加多样,实验现象更加明显、直观,实验的精度大幅提升。实验的校本化,让学生有更多动手做实验的机会,更多亲历实验观察和演示的机会,激发学生学习物理的浓厚兴趣,更好地培养和发展学生的实验技能和创新实践能力				
背景分析	目的:高中物理新课程标准要求提高实验器材利用率,除了课堂多做实验,还要尝试用日常用品开发新实验,创新实验过程及步骤,注重学生体验,强化实验结果。自制教具恰好符合这一要求,可以将生活中常见的物品、废旧的器具以及一些易得的材料作为实验室重要的资源。我们可以用日常用品和废旧器材代替实验材料,设计并制作出低成本的教具,用来代替实验室昂贵的实验仪器,使其成为实验器材的有利补充;或者设计出实验过程更简单、演示更清晰、效果更显著的方案或教具。我们利用简易材料自制教具,使学生有更多的机会亲身经历实验,使枯燥的物理知识变得形象生动,提升物理知识对学生的吸引力,激发学生的求知欲,拓展学生的思维,切实提高其能创新、敢实践、会动手的实验探究能力。 意义:为满足高中力学、电磁学部分的实验教学需要提供有力补充。力学和电磁学作为高中物理的基础部分,是高中物理知识体系中最重要的内容,而实验是物理学的主要学习手段,因此力学和电磁学所涉及的实验便显得尤为重要。但是目前中学物理实验教学依然受应试教育的影响,多数实验靠课上"讲",这点在力学模块显得尤为突出。另外,部分地区的学校实验室器材不足,或者实验室器材操作复杂、效果不佳。因此,自己制作或者改进教具,能够弥补器材不足的问题,改进教学方式,提升实验效果				
课程目标	目标:激发学生的学习兴趣,不断提升其内在学习动力,使得他们对知识的理解更加深入,形成物理观念,同时引导学生尝试解决新问题,培养科学思维。 自制教具是一个设计、制作的完整过程,引导学生在该过程中发现问题、解决问题,可以进一步提升学生对实验过程、原理及实验背后蕴含的本质内容的理解,同时还拉近了学生和教师之间的距离,促进和谐师生关系的形成				

课程名称	高中物理自制教具的研究与开发				
适用年级	高一、高二	总课时	14	课程类型	启智课程

学习主题／活动安排(请列出教学进度,包括日期、周次、内容、实施要求)	第一周周三下午第二节课:"自制教具"的讲解; 第二周周三下午第二节课:"相互作用力探究仪"的讲解; 第三周周三下午第二节课:"平抛运动演示仪"的讲解; 第四周周三下午第二节课:"胡克定理探究仪"的讲解; 第五周周三下午第二节课:"静摩擦力演示仪"的讲解; 第六周周三下午第二节课:"伽利略理想实验演示仪"的讲解; 第七周周三下午第二节课:"超重失重演示仪"以及"其他自制教具"的讲解; 第八周周三下午第二节课:"带电粒子在电场中的受力"的讲解; 第九周周三下午第二节课:"多功能安培力演示仪"的讲解; 第十周周三下午第二节课:"楞次定律演示仪"的讲解; 第十一周周三下午第二节课:"互感现象演示仪"的讲解; 第十二周周三下午第二节课:"法拉第电磁感应定律演示仪"的讲解; 第十三周周三下午第二节课:"趣味实验以及趣味教具"的讲解; 第十四周周三下午第二节课:"机械横波的直观化教具设计"的讲解
评价活动／成绩评定	校本课程成绩包括过程性评价与终结性评价:过程性评价包括出勤、课堂学习、成长记录袋、奖励分;终结性评价包括期末考查、表现性活动。讲堂考勤实行签到制度,签到入场。 一、过程性评价(35分) (一)出勤(10分) 100%(10分)、90%～99%(8～9分)、80%～89%(6～8分)、80%以下(不及格)。 (二)课堂学习(15分) 兴趣与参与(3分)、合作与交流(3分)、知识掌握及运用(4分)、收集与分析(3分)、反思与计划(2分)。 (三)成长记录袋(10分) 学习计划(2分)、作业或作品(2分)、进步(2分)、收集的课程资料(2分)、评价与自我反思(2分)。 二、终结性评价(15分) (一)知识考查(5分) 课内掌握的基本知识(3分)、课外习得的相关知识(2分)。 (二)表现性活动(10分) 技能(5分):基本技能的掌握与熟练程度(2分)、与人合作交流的能力(1分)、分析与处理问题的能力(1分)、创新与实践能力(1分)。 情感态度价值观(5分):对课程的学习兴趣(1分),参与态度、创新精神(1分),积极向上的人生态度(2分),社会责任感与使命感(1分)

续表

课程名称	高中物理自制教具的研究与开发				
适用年级	高一、高二	总课时	14	课程类型	启智课程
主要参考文献	[1] 王志敏,曹丰.物理实验教学与教具制作[M].武汉:华中理工大学出版社,1996. [2] 刘炳昇.继承传统 开发自制教具的创新教育功能(上)[J].教学仪器与实验,2013,29(1):3-7. [3] 河北省衡水地区文教局.自制教具[M].北京:人民出版社,1975. [4] 谭福奎.中学物理教具设计与制作技术[M].北京:光明日报出版社,2013. [5] 张伟.论物理自制教具对落实新课程标准的教学价值[J].内蒙古师范大学学报(自然科学汉文版),2003(4):350-353. [6] 赵大举.自制教具在高中物理课堂教学中的有效运用[J].中国教育技术装备,2016(17):138-139. [7] 马晨,高嵩.自制教具培养学生的物理核心素养[J].中国教育技术装备,2019(3):1-2. [8] 刘炎松.物理实验创新研究:"非常规"物理实验设计制作能力培养[M].北京:冶金工业出版社,2009				
备　注	无				

"高中物理自制教具的研究与开发"教学方案

【单元】第一单元

【主题】牛顿第三定律

背景分析

　　本节课选自人教版普通高中教科书《物理》必修第一册第三章第三节。牛顿第三定律是高中物理的重点章节之一,是以学生在高中学习过的基本作用力为基础的,同时也是后续学习共点力平衡等动力学知识的基础,起到承前启后的作用。在日常生产、生活中牛顿第三定律应用十分广泛,学习它对社会生产力的发展具有重要的现实意义。

　　学生在初中虽然对此部分内容进行过简单学习,但是对作用力与反作用力的关系认识不够全面,容易形成错误认识。学生在高中阶段已经系统学习过重力、弹力和摩擦力,为本节课的学习、探究提供了较为坚实的理论基础。另外,高中阶段的学生不但具备年轻人丰富的想象力,还有着一定的动手能力和归纳概括能力,为本节课的学习奠定了基础;他们的好奇心强,对实验有较高的积极性,为本节课的学习提供了情感帮助。

教学目标

（1）物理观念。学生从物理学的角度理解相互作用,并且通过理论学习、实验探索形成经典物理的相互作用观。

（2）科学思维。学生通过合作交流、科学推理总结相互作用力的概念,根据实验定性探究相互作用力的关系,从而得出牛顿第三定律,并掌握实验探究法和转换法。

（3）科学探究。学生通过实验演示,发现问题,提出合理猜想,并予以科学的解释;能准确地表达出相互作用力关系探究实验的过程与结论,提升探究意识和能力。

（4）科学态度与责任。提高学生主动学习和研究物理的积极性,激发其对物理现象的好奇心及求知欲,提升学生的团队协作意识,树立踏实、认真的科学研究态度。

教学重难点

重点:作用力和反作用力的基本概念,牛顿第三定律的内容及应用。

难点:相互作用力和平衡力之间的区别与联系。

评价设计

本堂课通过小游戏,在学生的直观体验中导入新课,激发学生的学习兴趣;在新课讲授过程中,从生活实际出发,帮助学生从物理的角度认识自然,并引导学生自己归纳总结。学生通过体验力的显示过程来了解相互作用力演示仪的原理。教师先演示,学生后操作,这不仅锻炼了学生的归纳总结能力,还促进了学生对客观、真实的物理知识的追求。学生自主探究,提高独立探究问题的意识和实践能力。学生深刻体会"转换法"。

教学活动设计

教师结合具体教学内容和教学方式,按照教学环节,设计学生活动和教师活动。

新课导入

教师引导学生动手实验,让学生双手十指相扣,其中一手用力夹,提出问题:为什么十指都能感受到疼痛呢?

学生积极参与,先独立思考,后分析讨论,得出:力的作用是相互的。

学生亲身参与实验过程,分组分享实验体验,理解力的作用是相互的。

设计意图："从做中学"，用直观的体验导入新课，以激发学生的好奇心，提升其学习的欲望。

新课讲授

（一）作用力与反作用力

1. 展示动图

教师结合生活实际，展示动图（如图 3-2 所示），并让学生举例。

教师从力的作用总是相互的，引出作用力和反作用力的基本定义。

学生思考图片内容，列举生活实例，归纳作用力和反作用力的基本概念。

图 3-2　演示作用力与反作用力动图

2. 提出问题

教师提出问题：作用力和反作用力有什么关系？从哪些角度来探究作用力和反作用力之间的关系？

教师引导学生总结出力的三要素：大小、方向、作用点。

学生思考，明确要从力的大小、方向、作用点三要素出发，动手探究，分析归纳。学生了解相互作用力演示仪各部分的作用和功能，清楚仪器原理。

3. 介绍相互作用力演示仪（如图 3-3 所示）的构造

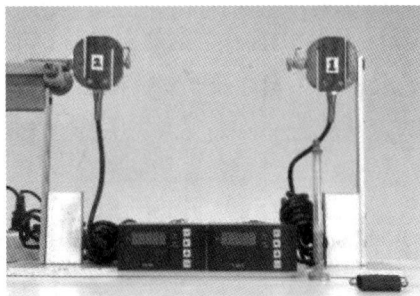

图 3-3　相互作用力演示仪

教师请学生代表上讲台体验力的显示过程，引导学生明确相互作用力演示仪的原理，并提示：演示仪中所显示数据的正负代表力的方向。

4. 实验探究

实验一：以弹簧为例探究相互作用力之间的关系（见表 3-1 和图 3-4）。

表 3-1　实验记录表

次　数	1 号示数	2 号示数
第一次	10	−10
第二次	18	−18
第三次	40	−40
第四次	64	−64

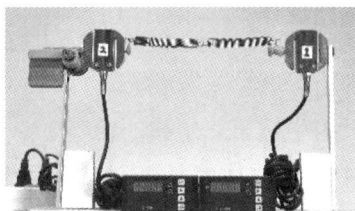

图 3-4　实验装置(一)

　　教师演示实验,与学生进行互动探究,提示学生分析数据,并观察两个弹簧的位置关系和作用点。学生用手拨动弹簧,弹簧依然绷直,从而明确两个弹簧间的相互作用力属于接触力。

　　学生通过观察实验,记录相关数据,得出结论:弹簧之间的相互作用力大小相等,方向相反,作用在同一直线上,并具有同时性,分别作用在两个弹簧上;两个弹簧间的相互作用力属于接触力。

　　实验二:以磁铁为例探究相互作用力之间的关系(如图 3-5 所示)。

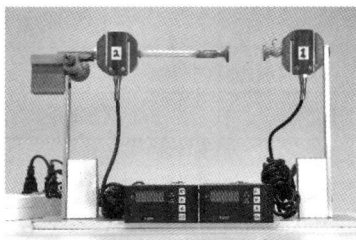

图 3-5　实验装置(二)

　　学生自主探究,师生互动。

　　学生代表上台演示实验。全体学生认真观察实验内容和过程,通过本实验体会转换法的实用性。

　　教师演示在磁力作用下细线绷直,在实验过程中渗透转换法的思想,引导学生明确两个磁铁间的相互作用力属于非接触力。

　　学生积极思考,总结出以磁力为代表的无接触相互作用力的关系。

设计意图：实验是学习物理的主要手段，本堂课通过直观形象的实验探究，利用实验数据证明两弹簧之间相互作用力的关系。这样不仅锻炼了学生的归纳总结能力，还促进了学生对客观、真实的物理知识的追求。

5. 总结

教师引导学生根据弹簧和磁铁之间相互作用力的实验总结规律，概括作用力和反作用力之间的关系：等大、反向、同线、同时、异物。

学生回顾实验过程，总结规律。

（二）牛顿第三定律

学生阅读教材第 65 页的牛顿第三定律的内容。

教师抛出问题：运动中的两物体间是否存在相互作用力？如果存在，它们具备哪些特点？

学生带着问题通过阅读进行拓展学习。

教师要求学生：一是学习教材内容，尝试理解其内涵；二是明确运动中的两物体间存在相互作用力，也同样遵从牛顿第三定律。

教师引导学生复习之前学习的平衡力，与新学习的内容做比较，利用表格的形式总结相互作用力与平衡力的异同点。

学生小组探讨、分析，将异同点填入表格（见表 3-2）。

表 3-2　相互作用力与平衡力的比较

比　较		相互作用力	平衡力
相同点		等大、反向、共线	
不同点	对　象	异　体	同　体
	时　间	同　时	无　关
	效　果	可以抵消	无法抵消
	性　质	相　同	相同或不同

教师适当地对学生加以引导，师生共同对受力情况进行分析，分析粗糙斜面上木块的受力情况。

师生共同总结受力分析的一般步骤：

（1）明确研究对象。

（2）按照顺序分析：已知力、重力、弹力、摩擦力、其他力。

（3）画示意图（如图 3-6 所示）。

（4）检查。

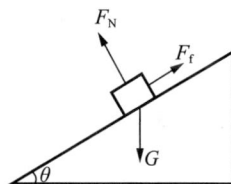

图 3-6　木块受力分析示意图

学生要掌握受力分析的一般步骤,并且能够对物体受力方向及大小进行准确、全面的分析。

随堂练习

用水平外力 F 将木块压在竖直墙面上,如图 3-7 所示,使其处于静止,下列说法中正确的是(　　)。

A. 木块重力与墙对木块的静摩擦力平衡

B. 木块重力与墙对木块的静摩擦力是一对作用力和反作用力

C. 外力 F 与墙对木块的正压力是一对作用力和反作用力

D. 木块对墙的压力的反作用力与外力 F 大小相等

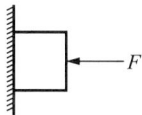

图 3-7　随堂练习图

总结归纳

教师引导学生回顾所学。

(1)作用力与反作用力:相互依存、同时存在。

(2)牛顿第三定律。

(3)相互作用力与平衡力的异同点。

学生总结,独立画出思维导图。

设计意图:巩固知识,培养学生的总结能力。复习所学新内容,举一反三,开拓学生的思维,提升其实践能力。

作　业

(1)必做:课本第 67 页,练习与应用 3 和 4。

(2)选做:制作小车,使其在相互作用力下可以同时运动。

第三节　体育课程开发案例

"校园篮球校本课程"课程纲要

课程名称	校园篮球校本课程				
适用年级	高　二	总课时	36	课程类型	校本拓展类
课程简介	根据新的高中课程标准的要求,开发篮球校本课程的目的是在高中体育教学的基础上使选修篮球的高中生较为系统地学习篮球理论知识。通过课程中基础理论知识的教学,学生加深对篮球运动的认识和理解,提高观赏比赛水平,了解篮球裁判的基本方法。通过系统的学习,学生提升在对抗练习和教学比赛中运用技战术的能力,并能形成一定的战术配合意识,真正学会打篮球,形成自己的特长				
背景分析	篮球运动是一项以球为竞赛工具,以投篮得分为目的而进行的攻守交替、集体对抗的球类运动项目。学生经常参加篮球运动,可以使身体得到全面锻炼。篮球运动形式灵活,具有较强的趣味性和竞技性,并容易普及,深受广大青少年喜爱。它对于增强学生体质,促进学生身心健康发展,增强学生体育活动的参与意识,培养学生优良品质都具有重要意义。 《国务院关于基础教育改革与发展的决定》指出:"实行国家、地方、学校三级课程管理。国家制定中小学课程发展总体规划,确定国家课程门类和课时,制定国家课程标准,宏观指导中小学课程实施。在保证实施国家课程的基础上,鼓励地方开发适应本地区的地方课程,学校可开发或选用适合本校特点的课程。"随着课程改革的深入推进,校本课程开发已经成为当前课程改革的一项重大举措。开发适合本地区、本学校实际情况的体育校本课程,既能对国家规定课程做一定的补充,以尽量满足学生的个性化发展需要,同时也为弘扬社区文化,发展学校办学特色提供了机会。 学校的实际情况:首先,学校已具备正规、完善的体育设施,标准的田径场、篮球场、排球场、足球场、游泳池及风雨操场为校本课程的开发实施奠定了基础;其次,师资力量雄厚,七位体育教师各有所长,曾在其专项领域取得一定成绩并具有一定影响力,为校本课程的开发实施提供了前提条件;再次,本校学生对于体育有着不同寻常的热爱,他们关心体育赛事,注重体育知识的积累,乐于参加体育运动,而校领导对于校本课程的开发实践给予了很高的重视,这为校本课程的开发提供了主观和客观的条件				

课程名称	校园篮球校本课程				
适用年级	高　二	总课时	36	课程类型	校本拓展类

课程目标	运动参与目标:喜爱篮球运动,积极参与课内外篮球活动,基本形成自觉锻炼的习惯,具有一定欣赏篮球比赛的能力; 运动技能目标:掌握篮球运动所授基本技术和战术配合,能合理运用篮球技术的学习方法科学地进行锻炼,提高自己的运动能力,掌握篮球运动中常见运动损伤的处置方法; 身体健康目标:具有测试和评价自身体质健康状况的能力,结合篮球课的学习,安排切实可行的锻炼计划,掌握锻炼身体的基本知识和方法,能合理选择人体需要的营养食品,养成良好的行为习惯,形成健康的生活方式,具有健康体魄; 心理健康目标:通过自觉参与篮球课的实践活动,改善心理状态,提高抗挫折能力,养成积极乐观的生活态度,在运动中感受乐趣,体验成功的喜悦; 社会适应目标:通过篮球课的学习和锻炼,不断提高体育文化和道德修养,在各类体育活动中表现出良好的体育道德和团结合作精神,正确处理竞争与合作的关系,提高自身的社会适应能力和组织能力

	周次	时间	主要内容	实施要求
学习主题/活动安排	一	8月31日—9月7日	运球急停、急起,变方向运球	学习基本技术,加强手控制球的能力,提高脚步动作的质量,手脚协调配合
	二	9月8日—9月14日	原地单手肩上投篮	持球手法、出手动作和上下肢协调用力
	三	9月15日—9月21日	单手肩上传球	通过反复练习,提高手控制球的能力
	四	9月22日—9月28日	行进间运球单手低手投篮	速度快慢与手举球高低和投篮力量之间的协调配合
	五	9月29日—10月5日	双人或多人传接球与投篮	学生能够熟练地掌握组合技术,提高综合运用这些技术的能力
	六	10月6日—10月12日	行进间运球,单手肩上投篮	行进间运球,当球从地面反弹起时,跨右脚同时双手拿球,迈左脚蹬地起跳,当身体接近最高点时,用单手肩上投篮动作将球投出
	七	10月13日—10月19日	运球、传接球与抢球游戏	培养学生运用各种技术动作的能力和实际对抗中选择运球、传球时机的能力
	八	10月20日—10月26日	单个动作及组合动作	单个动作的实效性、技术组合运用的合理性和创造性
	九	10月27日—11月2日	接传球原地起跳,单手肩上投篮	接球与起跳的连接,跳起后的投篮时机及投篮的出手动作
	十	11月3日—11月9日	二攻一、一防二	在教学中要注意强调快速推进、快速结束

续表

课程名称	校园篮球校本课程				
适用年级	高 二	总课时	36	课程类型	校本拓展类

	十一	11月10日—11月16日	三攻二、二防三	三人行进间传球推进至篮下投篮
学习主题/活动安排	十二	11月17日—11月23日	半场人盯人防守	教学中要使学生懂得半场松动人盯人防守的特点,运用时机、方法和防守的基本知识
	十三	11月24日—11月30日	全场人盯人防守	在教学中应以半场人盯人防守为基础,逐渐过渡到全场紧逼人盯人防守
	十四	12月1日—12月7日	区域联防	教学中应使学生懂得区域联防(2-1-2)的特点、应用时机、落位阵形
	十五	12月8日—12月14日	篮球规则:违例	学生了解篮球比赛中违例的各种情况
	十六	12月15日—12月21日	犯规	学生了解篮球比赛中犯规的各种情况
	十七	12月22日—12月28日	教学比赛的要求	培养二三人之间的配合能力,以及在快速运动中运用技术的能力
	十八	12月29日—1月4日	教学比赛的建议	对教学比赛进行合理的分析并提出建议
	十九	1月5日—1月11日	期末课程测评	对学生进行技术、战术和理论的测评
	二十	1月12日—1月18日	期末课程测评	对学生进行技术、战术和理论的测评

活动评价/成绩评定	学生自评与互评,设计学生学习效果评价表。 过程性评价,教师根据课堂观察进行学生课堂表现的评价。 终结性评价,根据期末学生技术、战术和理论测试成绩进行评价
主要参考文献	[1] 钟启泉,崔允漷,张华.基础教育课程改革纲要(试行)解读[M].上海:华东师范大学出版社,2001. [2] 季浏.体育(与健康)课程标准解读[M].武汉:湖北教育出版社,2002. [3] 傅建明.校本课程开发的价值追求[J].课程•教材•教法,2002(7):21-24. [4] 顾渊彦.体育课程设计与教学单元构建[J].体育教学,2006(5):16-18. [5] 卢三妹,朱石燕,李梅.华南农业大学体育课"分层教学—合作学习"教学实验[J].体育学刊,2009(11):53-57.
备 注	授课教师提前备好课,准备好上课所用器材、器械,尽可能提前让组内教师进行集体讨论以修改和完善教案。 提前告知学生上课时间、地点、学习内容,需要准备的运动服装及物品。 课后及时反思,找出优势与不足,为后面体育校本教材的持续编写提供借鉴

"篮球交叉步突破"课时教案（第一课时）

【单元】篮球基本技术分析与教学方法

背景分析

持球交叉步突破是篮球运动重要的进攻技术,是个人摆脱防守的重要手段,可以加强学生身体的灵敏性、协调性等素质,还可以培养学生勇敢顽强、机智果断、胜不骄败不馁等优良品质,在篮球基本技术分析与教学方法单元中占有重要地位。学校把持球交叉步突破作为重要内容对高中生进行教学,可以提高学生持球突破的能力、控制球的能力和手脚协调配合的能力。

本课的教学对象为高二年级学生,他们喜欢合作探究和展示自我,具备了独立思考、判断、概括等能力。据了解,该年级学生学习热情高,认知能力也较强;经过以前的学习,部分学生对篮球有了一定的基础,希望在篮球知识技能方面得到全面提高。高二学生生长发育已趋于稳定,心理日趋成熟,具有较强的集体荣誉感、组织能力和敢于挑战困难、参与竞争的良好品质,也有较强的求知欲和表现欲,但依赖性强,缺乏合作精神。通过本课的学习,学生熟练掌握篮球的持球突破技术动作,积极地参与到篮球运动中来,在适度的个性张扬和团队合作中获得成功的感受,体验篮球运动的乐趣。

教学目标

（1）认知目标。学生能说出持球交叉步突破的动作要领,能学会运用交叉步突破的动作方法和练习方法。

（2）技能目标。90％左右的学生能够完成蹬跨、转体探肩、蹬地加速的技术动作,60％左右的学生能掌握探肩与放推球、加速的时机,30％左右的学生能在实践中初步运用持球交叉步突破的动作技能。

（3）情感目标。激发学生学习的积极性,培养学生奋发向上的品质,加强学生合作竞争的意识。

重难点

重点:蹬跨、转体探肩、蹬地运球加速。

难点:探肩与放推球时机的掌握。

评价设计

过程性评价:课堂中学生学习的态度、练习的积极性。

结果性评价:按照学生掌握的技术熟练程度进行评价。

教学过程

（一）开始过程（2分钟）

（1）集合整队，清点人数。

（2）宣布本课内容与教学目标。

（3）安排见习生。

（二）准备部分（8分钟）

1. 篮球打球游戏（5分钟）

规则：在规定区域内，一边运球一边设法打掉别人的篮球，注意保护好自己的球不被打掉。

2. 球性练习（3分钟）

指拨球、腰绕环、胯下八字绕环、高低运球、弓箭步运球、左右手运球。

（三）基本部分（30分钟）

1. 动作讲解（5分钟）

以右脚为中枢脚，以从防守队员左侧突破为例。突破时，左脚向左前方跨出，做向左突破的假动作；当对手失去重心时，左脚前脚掌内侧迅速蹬地，迅速向防守人左侧跨出一大步，同时弯腰屈膝转探肩，贴近对手身体；右手放球于右脚侧前方，迅速蹬地跨步，加速超越对手。

要求：选择好突破时机；蹬跨有力，抢占位置；假动作逼真；起动迅速，动作连贯。

2. 学练与指导（25分钟）

（1）学生进行探究学习。学生分组观看展板，进行模仿、自学；集体观看篮球视频，学习技术动作。

（2）教师示范讲解动作要领，强调动作方法及安全。

（3）学生自主模仿，合作探究，体验动作。

练习一：学生持球集体练习。

假动作：左脚向右方探出，要求动作幅度小，脚尖虚点地；左脚右跨，弯腰屈膝，转体探肩，放球超越。

要求：学生跟随教师模仿动作，教师用语言提示，观察学生的学习情况，并及时纠错。

练习二：两人一组，模拟突破练习。

方法:1号传球给2号,然后跑到2号面前做防守者。2号接球后做假动作欺骗1号,后利用交叉步进行突破,运球到指定位置后双方攻守交换。

要求:选择好突破时机;蹬跨有力,抢占位置;假动作逼真;起动迅速,动作连贯。

(四)结束部分(5分钟)

学生集合整队,见习生入列;放松练习;总体小结;收还器材。

"发现镜头里的世界"课程纲要

课程名称	发现镜头里的世界——摄影摄像课程			
适用年级	高一、高二	总课时	32	课程类型	特色实践课程
课程简介	在现代媒体高度普及的今天,了解摄影摄像作品的鉴赏方法、学习相关知识和掌握拍摄技巧为本课程的主要学习内容。 本课程采用项目化主题单元形式开展教学,让学生在创设的情境中发现问题、解决问题、提升素养,更好地解决生活中遇到的摄影摄像、图形图像等相关问题;引导学生发现生活中有意义的题材,并能记录或表达,培养学生的感知能力、创新思维能力和跨界探究能力,锻炼学生的综合实践能力,提升学生的审美意识和文化修养			
背景分析	当今我们获取知识的主要方式已由传统的读与写转变为看与听,在手机、iPad、相机等新媒体设备高度普及的今天,跨界学习成为学习的重要方式。现代媒体艺术是科技、艺术与人文相结合的新兴艺术门类,涉及摄影、摄像、电脑绘画、数码设计及其他新媒体艺术形式,这些新的艺术形式与我们现代生活联系紧密。本课程结合高中生对新兴事物兴趣浓厚的特点,以引导学生关注生活、培养兴趣、提升素养为出发点			
课程目标	图像识读、文化理解:分析经典影像作品,理解文化背景和作品内涵; 审美判断:辨别摄影与摄像的异同,总结摄像艺术的特点; 美术表现:学会运用摄影基本知识和构图形式并能熟练操作拍摄器材进行拍摄练习; 创意实践:拍摄出具有一定艺术水平的主题性摄影作品,并进行适当的后期处理; 美术表现:掌握摄像机、手机等拍摄器材的使用方法,合理运用摄像技法和构图方式,采用蒙太奇的手法对所拍摄作品进行恰当的后期剪辑练习; 文化理解:从文化和生活的角度辩证地评价摄影摄像作品			
学习主题/活动安排	一、学习主题 (一)摄影部分 课题一:经典的光影——对话摄影大师(4课时);上课时间:第一学期一至四周。 课题二:成像的奥秘——探寻摄影原理(4课时);上课时间:第一学期五至八周。 课题三:瞬间的精彩——体验拍摄乐趣(4课时);上课时间:第一学期九至十三周。 课题四:华丽的变身——走进电子暗房(4课时);上课时间:第一学期十四至十八周。			

课程名称	发现镜头里的世界——摄影摄像课程			
适用年级	高一、高二	总课时	32	课程类型	特色实践课程

学习主题/活动安排	（二）摄像部分 课题一：影音重现——重温经典影像作品（4课时）；上课时间：第二学期一至四周。 课题二：寻觅新知——探寻动态影像之谜（4课时）；上课时间：第二学期五至八周。 课题三：捕捉影音——体验影音画面共舞（4课时）；上课时间：第二学期九至十三周。 课题四：精彩绽放——沉浸后期剪辑乐趣（4课时）；上课时间：第二学期十四至十八周。 二、实施要求 教学中教师应创设合理的情境，要注意与生活的联系，特别是与校园、课堂、社团活动紧密相连，采取任务驱动、问题引领的学习方式，让学生在发现问题、解决问题的过程中学习摄影知识，做到学用结合，知行合一。教师在设计教学环节时应注重课外拍摄实践活动，引导学生在实践过程中发现问题，探究原因，进而解决问题；以个人或小组合作的方式对素材进行拍摄、整理和编辑，结合学校大型活动加强对学生的动手能力和实践能力的培养；从易到难，设置合理的问题和应用情景，注意激发学生的学习兴趣，使他们真正做到学用结合；融入媒体艺术的观念，引导学生编辑出具有创意性的优秀作品
活动评价/成绩评定	一、评价建议 （1）我们在评价时应根据摄影课程学习的特点，结合学生实际，多关注学生的学习过程而不过分关注结果； （2）综合运用自评、互评与多维度评价相结合的方式，更好地发挥评价的激励功能，让每个学生都有机会获得成功的喜悦，真正做到以学生为本。 二、学业质量评价标准 水平1： 1-1 能辨析摄影作品的优劣，并能简要说明理由（素养1、3）。 1-2 了解摄影的原理，并能拍摄出曝光正确的摄影作品（素养2）。 1-3 能说出摄影这一艺术门类的艺术特点（素养3、5）。 水平2： 2-1 能分析摄影大师的作品特点，说出其拍摄背景与技法（素养1、3、5）。 2-2 能运用摄影基本知识和合适的构图方式拍摄出较理想的摄影作品（素养2、3）。 2-3 能对拍摄完成的作品进行简单的后期处理（素养2）。 2-4 能初步理解摄影艺术的魅力（素养5）。 水平3： 3-1 能从社会文化角度分析摄影大师的作品，明确说明其拍摄技法及社会背景（素养1、3、5）。 3-2 能熟练操作相机，合理运用摄影基本知识和技法，拍摄出具有一定水平的摄影作品（素养2）。 3-3 能根据摄影作品的特点进行恰当的后期处理，并能运用拍摄的作品美化生活，提升生活品位（素养2、4）。 3-4 能探究社会文化与摄影艺术的关系（素养5）
主要参考文献	奚传绩，尹少淳.普通高中美术课程标准（2017年版）解读［M］.北京：高等教育出版社，2018
备注	无

"历程——探寻影像运动之谜"教学方案

【单元】《影音记录生活》(摄像部分)

【单元课时】16课时

【主题】历程——探寻影像运动之谜

【主题课时】8课时

背景分析

该主题活动是本单元的一个主要活动,核心词为"感知",即让学生在感知中体会经典影像作品通过镜头语言给观众带来的感受,意在为下一步的活动做好准备。高二学生有了一定的美术知识储备,对影像作品也比较感兴趣。本活动的主要内容为鉴赏经典佳作,让学生初识影像作品,学会鉴赏和认知经典作品,提高审美能力,初步理解影像作品与生活的联系。

教学目标

(1)图像识读、文化理解。让学生赏析经典定格动画、延时摄影、慢镜头片段,了解它们的基本原理和作品的文化内涵。

(2)审美判断。引导学生辨别定格动画与延时摄影、慢镜头的异同,并总结出不同特点。

(3)文化理解。引导学生对摄像作品进行展示与评价,能从摄影与生活的角度分析、评价作品,提高自己的审美意识,发现生活中的美。

(4)美术表现。使学生能够掌握拍摄设备的使用方法、软件的使用技巧,了解拍摄的注意事项。

(5)创意实践。使学生能够合理运用摄影技法和镜头语言,根据任务要求,结合剧本完成作品的前期准备、拍摄与后期剪辑工作。

评价设计

(1)能了解特殊镜头的基本原理和作品的基本内涵。

(2)能辨别特殊镜头与延时摄影的异同。

(3)能积极参与特殊镜头的拍摄制作过程,掌握拍摄设备的基本使用方法和注意事项。

(4)能参与作品的展示与评价,能从摄影与生活的角度分析和评价特殊镜头作品。

教学活动

导入:生物老师要求学生们做一个关于蒜苗十天生长历程的观察报告,要求以"图文＋视频"的方式提交,最好全程展示……

师:我带领大家走进一段神秘的历程……

学生活动:思考如何完成得更好,用哪种方式能展现全过程。

学生观看短片并思考相关问题,参与师生互动提问活动。

设计意图:教师导入真实情境,引发学生思考。以"问题探秘式"导入新课,创设情境,符合学生的认知规律。

(一)新授内容

展示短片:《植物生长、开花和天安门的百年演变史》。

1.教师活动

师:看完短片后大家一定有很多的困惑或想法,以小组为单位提交不少于两个问题。

教师通过讲解电影放映原理("图文＋视频"的方式),引出定格动画、延时摄影、慢镜头的拍摄原理。

教师让学生鉴赏经典定格动画片《三个和尚》,了解动画片的呈现方式及文化内涵。(开动脑筋想办法,协作才能有水喝)

2.学生活动

任务单一:提出问题并汇总上报。

学生思考探究,并讨论相关话题。有能力的学生可以当场解决其他小组提出的问题。

任务单二:分析经典作品的制作方法和文化内涵。

学生思考定格动画作品中的文化内涵及教育意义。

设计意图:培养学生的审美能力、观察分析能力、团结协作意识,用现代的美术表现形式展示中国传统的文化元素。

(二)前期准备

1.教师活动

拍摄特殊镜头的流程:准备器材(相机或手机),确定拍摄主题、主要场景、拍摄注意事项,进行拍摄。

2.学生活动

任务单三:拍摄特殊镜头的流程及注意事项。

各小组积极回答相关问题,师生共同探讨拍摄准备及注意事项。

设计意图:培养学生围绕问题进行探讨的能力,并让学生运用探究性的学习方式学习。

（三）尝试拍摄

1. 教师活动

让学生根据所探究的特殊镜头拍摄原理，以小组为单位进行拍摄。

要求：明确主题，小组内成员明确分工，拍摄完成后展示作品并做出评价说明。（限时 15 分钟）

在学生拍摄制作的过程中，教师巡视，遇到有困难的小组及时予以纠正和引导，对完成作品的小组予以展示和评价。

2. 学生活动

任务单四：参与拍摄特殊镜头的具体工作任务。

学生应做到以下两点：一是小组讨论，提出方案；二是集体合作，明确分工。

各小组代表汇报交流本小组所拍摄的作品，明确其拍摄思路、优缺点。各小组间进行互评与自评。

任务单五：讨论特殊镜头和普通摄像的区别，并回答相关问题。

设计意图：培养学生的动手、操作能力，让学生从感性认识中发现问题、解决问题，培养学生归纳总结问题的能力。

教师以表格形式让学生讨论总结特殊镜头和普通摄像作品的区别，加深他们的理解，巩固他们的学习成果。

师生讨论并总结出特殊镜头的三大特征：具有非常强的时间压缩（延长）能力，有较强的视觉冲击力，具有常规摄影不具备的特殊记录功能。

任务单六：合作讨论，归纳总结出特殊镜头的特征。

通过图片的提示，学生总结并回答本节课所学知识。

任务单七：回顾总结所学知识，自评掌握情况。

设计意图：让学生回答问题，一方面检验了学生对知识的掌握程度，另一方面对本节课知识做了总结和梳理。

（四）拓展提升

学生欣赏国产动画片《美丽的森林》，体验古典遇上动画的奇妙之旅……

设计意图：激发学生对传统文化、传统绘画的热爱，使学生了解中国绘画的品格传承和中国元素，增强学生的民族自信心与自豪感，进而增强他们关注生活、关注文化的意识。

第五节　劳动教育课程开发案例

"劳动教育校本课程"课程纲要

课程名称	劳动教育校本课程			
适用年级	高　一	总课时　14	课程类型	拓展校本类
课程简介	本课程是面向高一年级学生的拓展校本课程。教师通过劳动课程理论教学,把劳动教育与思想政治教育相结合,让马克思主义劳动观,特别是习近平新时代中国特色社会主义思想进课堂、进头脑、进心灵,通过铸魂而育人。在课堂教学中,教师要深入挖掘大国工匠、劳动模范等特色资源,讲授劳动模范、劳模精神,培养学生的劳动观念和爱国情感。另外,教师要把劳动教育融入第二课堂,引导学生参加校内劳动,参加社会实践、志愿服务,在劳动实践中学、做、悟。通过公益活动、志愿服务等素质拓展活动,如校园环境卫生清洁、学雷锋活动、校外公益劳动等,学生在劳动实践中获得技能技巧,培养劳动精神、集体主义精神,增强纪律意识,为以后走向社会打下坚实基础			
背景分析	劳动是创造物质财富和精神财富的过程,是人类特有的基本社会实践活动。劳动教育是发挥劳动的育人功能,对学生进行热爱劳动、热爱劳动人民的教育活动。 习近平总书记在 2018 年 9 月 10 日全国教育大会上强调,要坚持中国特色社会主义教育发展道路,培养德智体美劳全面发展的社会主义建设者和接班人。要在学生中弘扬劳动精神,教育引导学生崇尚劳动、尊重劳动,懂得劳动最光荣、劳动最崇高、劳动最伟大、劳动最美丽的道理,长大后能够辛勤劳动、诚实劳动、创造性劳动。 2020 年 3 月 20 日,中共中央、国务院出台《关于全面加强新时代大中小学劳动教育的意见》,提出要全面构建体现时代特征的劳动教育体系,广泛开展劳动教育实践活动,切实加强劳动教育的实施。2020 年 6 月,教育部修订课程标准,劳动课成为普通高中必修课,占 6 学分。 劳动和劳动技术教育是中小学教育不可缺少的重要组成部分,是全面贯彻落实教育方针、实施素质教育、提高学生总体素质的基本途径。劳动教育是新时代党对教育的新要求,是中国特色社会主义教育制度的重要内容,是全面发展教育体系的重要组成部分,是中学生必须开展的教育活动。为了贯彻党的劳动教育方针,结合学校实际,制定劳动教育校本课程			

课程名称	劳动教育校本课程			
适用年级	高 一	总课时	14	课程类型	拓展校本类

课程目标	劳动教育是一个人得以发展的基础。教师要准确把握社会主义建设者和接班人的劳动精神面貌、劳动价值取向和劳动技能水平的培养要求,全面提高学生的劳动素养。具体课程目标如下: 　　树立正确的劳动观。引导学生正确理解劳动是人类发展和社会进步的根本力量,认识劳动创造人、创造价值、创造财富、创造美好生活的道理,尊重劳动,尊重普通劳动者,牢固树立劳动最光荣、劳动最崇高、劳动最伟大、劳动最美丽的思想观念。 　　养成良好的劳动品质和习惯。引导学生自觉自愿、认真负责、坚持不懈地参与劳动,形成诚实守信、吃苦耐劳的精神品质和珍惜劳动成果、杜绝铺张浪费、理性消费的良好习惯。 　　掌握必备的劳动技能。引导学生掌握基本的劳动知识和技能,能正确使用日常生活中的劳动工具,注重手脑并用,增强体力、智力和创造力,具备完成一定劳动任务所需要的设计和操作能力、团队合作和解决实际问题能力。 　　在劳动中培养创新能力。引导学生在学习和借鉴他人的丰富经验、精湛技艺的基础上,观察思考,知行合一。使学生能运用所学知识,尝试新方法,探索新技术,打破僵化思维方式,推陈出新,提高创新劳动的能力和意识。 　　弘扬优秀的劳动精神。引导学生在学习和掌握基本的劳动知识、技能的过程中,深刻领悟劳动的意义和价值,深刻领会"幸福是奋斗出来的"的时代内涵与意义,继承中华民族勤俭节约、敬业奉献的优良传统,弘扬开拓创新、砥砺奋进的新时代精神
学习主题/活动安排	学习主题:本课程安排 14 课时,每课时的主题不同,教学进度也会有所差别。初步安排如下: 　　第一周第一课时:课程劳动教育——劳动概论; 　　第二周第二课时:课程劳动教育——劳动安全; 　　第三周第三课时:课程劳动教育——劳动关系; 　　第四周第四课时:走进劳动模范(一); 　　第五周第五课时:走进劳动模范(二); 　　第六周第六课时:走进劳动模范(三); 　　第七周第七课时:走进劳动模范(四); 　　第八周第八课时:实践劳动教育——校内劳动(一); 　　第九周第九课时:实践劳动教育——校内劳动(二); 　　第十周第十课时:实践劳动教育——校内劳动(三); 　　第十一周第十一课时:实践劳动教育——校外劳动; 　　第十二周第十二课时:校园劳动文化建设; 　　第十三周第十三课时:劳动知识竞赛; 　　第十四周第十四课时:劳动成果展示

课程名称	劳动教育校本课程			
适用年级	高 一	总课时 14	课程类型	拓展校本类

学习主题/活动安排	实施要求: （1）把握育人导向。坚持党的领导,围绕培养担当民族复兴大任的时代新人,着力提升学生的综合素质,促进学生全面发展、健康成长。坚持以习近平新时代中国特色社会主义思想为指导,理解马克思主义劳动观,着力培养德智体美劳全面发展的社会主义建设者和接班人。把准劳动教育价值取向,引导学生树立正确的劳动观,崇尚劳动,尊重劳动,增强对劳动人民的感情,报效国家,奉献社会。 （2）遵循教育规律。符合学生年龄特点,理论和实践相结合,注意手脑并用、安全适度,强化实践体验,让学生亲历劳动过程,提升育人的实效性。 （3）体现时代特征。适应科技发展和社会需求,针对劳动新形态,注重新兴技术支撑和社会服务新变化,改进劳动教育方式。强化诚实、合法的劳动意识,培养科学精神,提高创造性劳动的能力。 （4）强化教育合力。积极拓宽劳动教育途径,整合家庭、学校、社会各方面力量。家庭劳动教育要日常化,学校劳动教育要规范化,社会劳动教育要多样化,形成协同育人格局。 （5）坚持因地制宜。根据学校实际情况,充分挖掘周边可利用资源,因地制宜地采取多种方式开展劳动教育
活动评价/成绩评定	一、评价内容 通过建立学生学习过程档案和收集学生学习成果的方法,以自评与他评相结合的评价方式,对学生参与劳动教育课程过程中的学习态度、合作精神、学习能力等维度进行评价。 二、评价方式 （1）档案袋评价。要求每一位学生建立劳动教育课程档案袋,里面包括劳动教育出勤登记表、劳动教育活动记录、劳动教育活动成果等与劳动教育课程有关的文字、图片、音像资料,作为学生评价的主要依据。 （2）日常观察即时评价。日常观察即时评价要贯穿劳动教育课程实施的整个过程。一方面,可以随时随地激励学生,调节课程的实施;另一方面,能有效地提高形成性评价的准确度和有效度。 （3）学习成果展示评价。成果展示包括小论文、调查报告、研究笔记、劳动成果等,学校每学期举办劳动教育课程学习成果展示评价活动,每学年举办劳动成果展示评价活动。 （4）成绩认定评价。根据学生在劳动教育课程学习过程中的作业完成、学习效果等情况给予成绩认定,并纳入学生综合素质评价中

续表

课程名称	劳动教育校本课程			
适用年级	高　一	总课时	14	课程类型	拓展校本类
主要参考文献	[1] 高亚伟. 当代大学生劳动教育研究[D]. 天津：天津师范大学, 2015. [2] 檀传宝. 劳动教育的概念理解：如何认识劳动教育概念的基本内涵与基本特征[J]. 中国教育学刊, 2019（2）：82-84. [3] 张荣钢. 当前家庭劳动教育存在的问题及改进建议[D]. 长沙：湖南师范大学, 2011. [4] 冀晓萍. 劳动教育将全面突围[J]. 人民教育, 2015（17）：30-33. [5] 刘国飞, 冯虹. 新时期劳动教育的改进措施[J]. 现代中小学教育, 2016（4）：16-19. [6] 徐长发. 新时代劳动教育再发展的逻辑[J]. 教育研究, 2018（11）：12-17. [7] 刘西亚. 学校劳动教育途径初探[J]. 中国农村教育, 2009（Z2）：88-89				
备　注	无			

"普通高中劳动教育课程纲要"教学方案

第一单元　走近劳动模范, 弘扬劳动精神

课程内容简介

本课内容融合高中思想政治相关知识, 通过介绍劳动与劳动者、就业的意义及措施、劳动模范的事迹, 使学生在学习过程中, 了解劳动的重要性, 树立劳动光荣的观念及正确的就业观, 让学生在正确分析生活中的经济现象时, 能够做到透过现象看到经济本质, 不断提升自身综合素质, 增强就业能力, 做新时代合格的社会主义接班人。

总议题：爱劳动、做劳模、树匠心。

子议题：劳动精神、劳模精神、工匠精神的内涵, 走近劳动模范, 弘扬劳动精神。

教学目标

（1）能够正确认识岗位劳动、创新发展的价值, 能够清晰了解自主创业应该具备的基本素质。

（2）能够对劳动、创业、经营中的不同价值观做出正确判断与合理选择。

（3）通过自主学习, 提升自己的学习能力和归纳总结能力；通过合作探究, 提升团队协作能力和理解分析能力；通过展示成果环节, 提高课堂参与积极性和自我表达能力；通过对就业及维权相关知识的学习, 增强理论分析能力和抽象思维能力。

（4）能够弘扬劳动精神、劳模精神和工匠精神, 树立正确的就业创业观念。乐于承担社会责任, 养成尊重劳动、热爱劳动、勇于创新的品质。

教学重难点

重点:如何弘扬劳动精神。

难点:劳动精神的内涵。

评价设计

(一)形成性评价

学生自评和互评:学生根据课前预习情况做出自我评价,在合作探究活动的小组展示中根据实际表现进行同伴互评。

教师评价:教师上课时对学生合作探究中的课堂表现做出过程性评价、创新学习参与度评价(包括四小项:师生互动,气氛活跃;围绕主题,提出问题;积极思维,踊跃参与;准确交流,及时反馈)。

(二)终结性评价

教师布置课后专题巩固练习,并根据学生的完成情况分为 A,B,C 三个等级进行评价。

教学过程

(一)习语诵读——导入新课

劳动是财富的源泉,也是幸福的源泉。人世间的美好梦想,只有通过诚实劳动才能实现;发展中的各种难题,只有通过诚实劳动才能破解;生命里的一切辉煌,只有通过诚实劳动才能铸就。劳动创造了中华民族,造就了中华民族的辉煌历史,也必将创造出中华民族的光明未来。

——2013 年 4 月 28 日,习近平在同全国劳动模范代表座谈时的讲话

劳动是一切成功的必经之路。当前,全国各族人民正满怀信心为实现“两个一百年”奋斗目标而努力。实现我们确立的奋斗目标,归根到底要靠辛勤劳动、诚实劳动、科学劳动。

——2014 年 4 月 30 日,习近平在乌鲁木齐接见劳动模范和先进工作者、

先进人物代表时的讲话

我们要在全社会大力弘扬劳动光荣、知识崇高、人才宝贵、创造伟大的时代新风,促使全体社会成员弘扬劳动精神,推动全社会热爱劳动、投身劳动、爱岗敬业,为改革开放和社会主义现代化建设贡献智慧和力量。

劳动模范和先进工作者、先进人物不仅自己要做好工作,而且要身体力行向全社会传播劳动精神和劳动观念,让勤奋做事、勤勉为人、勤劳致富在全社会蔚然

成风。特别是要通过各种措施和方式,教育引导广大青少年牢固树立热爱劳动的思想、牢固养成热爱劳动的习惯,为祖国发展培养一代又一代勤于劳动、善于劳动的高素质劳动者。

——2014年4月30日,习近平在乌鲁木齐接见劳动模范和先进工作者、

先进人物代表时的讲话

幸福不是毛毛雨,幸福不是免费午餐,幸福不会从天而降。人世间的一切成就、一切幸福都源于劳动和创造。

——2015年6月1日,习近平在会见中国少年先锋队第七次全国

代表大会代表时的讲话

"人生在勤,勤则不匮。"幸福不会从天降,美好生活靠劳动创造。

——2016年4月26日,习近平在知识分子、劳动模范、

青年代表座谈会上的讲话

全面建成小康社会,我国亿万劳动群众是主体力量。希望我国广大劳动群众以劳动模范为榜样,爱岗敬业、勤奋工作,锐意进取、勇于创造,不断谱写新时代的劳动者之歌。

——2016年4月26日,习近平在知识分子、劳动模范、

青年代表座谈会上的讲话

(二)习语堂间 ——活动设计

议题:爱劳动、做劳模、树匠心。

子议题1:劳动精神、劳模精神、工匠精神的内涵。

材料:

1974年,许振超成为青岛港的一名码头工人。他勤奋好学,立足本职,干一行、爱一行、精一行,苦练技术,练就了"一钩准""一钩净""无声响操作"等绝活,成为著名的"桥吊专家"。他勇于创新,敢于开拓,带领团队积极开展科技攻关,持续破解安全生产难题,填补国际技术空白,为国家节约巨大成本。在他的激励下,广大青年职工掀起了立足岗位、学习技能的热潮。2018年12月18日,党中央、国务院授予许振超改革先锋称号。

学生活动

探究:结合材料和劳模事迹,分析劳动精神、劳模精神、工匠精神的内涵。

教师总结

(1)劳动精神。

劳动是财富的源泉,也是幸福的源泉。

——2013年4月28日,习近平在同全国劳动模范代表座谈时的讲话

必须牢固树立劳动最光荣、劳动最崇高、劳动最伟大、劳动最美丽的观念,让全体人民进一步焕发劳动热情、释放创造潜能,通过劳动创造更加美好的生活。

——2013 年 4 月 28 日,习近平在同全国劳动模范代表座谈时的讲话

全面建成小康社会,进而建成富强民主文明和谐的社会主义现代化国家,根本上靠劳动、靠劳动者创造。

——2015 年 4 月 28 日,习近平在庆祝"五一"国际劳动节暨表彰全国劳动模范和先进工作者大会上的讲话

(2)劳模精神。

劳动模范是劳动群众的杰出代表,是最美的劳动者。劳动模范身上体现的"爱岗敬业、争创一流,艰苦奋斗、勇于创新,淡泊名利、甘于奉献"的劳模精神,是伟大时代精神的生动体现。我们要在全社会大力宣传劳动模范的先进事迹,号召全社会向他们学习、向他们致敬。要为劳动模范更好施展才华、展现精神品格提供全方位支持,使他们的劳动技能、创新方法、管理经验能广泛传播,充分发挥示范带动作用。

——2016 年 4 月 26 日,习近平在知识分子、劳动模范、青年代表座谈会上的讲话

(3)工匠精神。

人类是劳动创造的,社会是劳动创造的。劳动没有高低贵贱之分,任何一份职业都很光荣。广大劳动群众要立足本职岗位诚实劳动。无论从事什么劳动,都要干一行、爱一行、钻一行。在工厂车间,就要弘扬"工匠精神",精心打磨每一个零部件,生产优质的产品。在田间地头,就要精心耕作,努力赢得丰收。在商场店铺,就要笑迎天下客,童叟无欺,提供优质的服务。只要踏实劳动、勤勉劳动,在平凡岗位上也能干出不平凡的业绩。

——2016 年 4 月 26 日,习近平在知识分子、劳动模范、青年代表座谈会上的讲话

子议题 2:访谈劳动模范,弘扬劳动精神。

第一步,教师明确活动主题和目的。劳动模范是劳动群众的杰出代表,是最美的劳动者,是时代的楷模。劳动模范身上展现的"爱岗敬业、争创一流,艰苦奋斗、勇于创新,淡泊名利、甘于奉献"的劳模精神,是伟大时代精神的生动体现。国家重视弘扬劳动精神,重视对劳动模范的表彰工作。除了国家层面,许多单位也会评选本单位的劳动模范或优秀劳动者。虽然劳动模范在学生身边并不是难以见到的,但是学生的日常学习很难与劳动模范建立起关联。

设计意图:通过对身边的劳动模范进行面对面的访谈,学生可以更多地接触

生活中的优秀劳动者,更好地理解劳动模范身上具有的劳动精神。教师应通过榜样的力量,引导学生形成对劳动的正确态度,帮助学生树立正确的劳动观念,使其认识到弘扬劳动精神对促进社会进步具有重要意义,引导学生尊重劳动、热爱劳动,创造机会让学生在实践中积极参与社会劳动,为社会服务、为他人服务,积极为社会做出贡献。

第二步,学生自主分组,搜集劳动模范的典型事迹。学生可以搜集全国或本地区的先进劳动工作者、"五一劳动奖章"获得者、杰出青年、优秀工作者、"时代楷模"的典型事迹,从不同的劳动模范身上寻找共同点,进而认识到劳动的价值,认识到劳动者是社会物质财富和精神财富的创造者,认识到千千万万劳动者在各行各业充分发挥自己的聪明才干,为社会发展做出巨大贡献。可将搜集的材料填入下表(见表3-3)。

表3-3 劳动模范的典型事迹

劳动模范姓名	工作领域	典 型 事 迹

第三步,走近劳动模范,完成访谈活动。每组学生确定一位访谈对象,教师协助学生与被访谈者建立联系,确定访谈时间和地点。学生自主设计访谈提纲(见表3-4),做好访谈记录,撰写访谈报告。

表3-4 访谈提纲

访谈目的	通过活动,增进对"劳动精神"以及"如何弘扬劳动精神"的理解
访谈方式	面对面访谈、电话访谈或网络访谈等
访谈对象	
访谈时间	
访谈问题	我们希望对"劳动精神"有更深入的了解,有几个问题想要请教您。 问题1: 问题2: 问题3: ……
访谈步骤	(1)确定访谈对象。 (2)确定访谈时间及地点。 (3)开始访谈并做好记录。 (4)访谈资料的整理与反思

续表

可能遇到的困难	（1）难以确定访谈对象。 （2）访谈时间与地点的选择困难。 （3）访谈问题缺乏张力，访谈过程短暂。 （4）被访谈者的回答未能达成访谈目的
解决困难的办法	（1）选择身边熟悉的访谈对象。 （2）选取适当的访谈时机和地点。 （3）推敲访谈问题，提高问题质量。 （4）结合被访谈者的特点，重新调整访谈问题
访谈工具	（1）本人证件或学校介绍信。 （2）笔、笔记本、访谈提纲。 （3）录音笔

第四步，撰写访谈报告，班级展示交流。学生以小组为单位提交访谈报告，并以"如何弘扬劳动精神"为题在班级中开展交流活动。每组确定发言人，介绍本组访谈过程以及对主题的理解。最后，教师对访谈活动进行总结，对学生提出的弘扬劳动精神的建议进行概括、提炼。

第五步，制作"劳动者之光"手抄报。无论是泛舟江上的捕鱼人还是驰骋草原的套马汉，无论是改造沙漠的植树者还是清洁城市的环卫工，无论是试验田里的播种人还是发射场上的科学家……只要是通过自己的劳动为社会创造价值的人，都是我们应当尊重的人，都值得我们为之歌颂。结合活动，以"劳动者之光"为题制作手抄报，歌颂劳动和劳动者，弘扬劳动精神。

（三）习语生声——升华

要在全社会大力弘扬我国工人阶级的优秀品质，大力宣传劳动模范和其他典型的先进事迹，加强对广大青少年的教育，让劳动最光荣、劳动最崇高、劳动最伟大、劳动最美丽的观念蔚然成风，让全体人民进一步焕发劳动热情、释放创造潜能，通过劳动创造更加美好的生活。

——2013年10月23日，习近平在同中华全国总工会新一届领导班子集体谈话时指出

（四）课后活动

（1）人物访谈。学生自愿结成小组，每组不少于3人，设计访谈提纲，开展人物访谈活动，撰写访谈报告。

（2）制作手抄报。学生制作手抄报，并在班级内进行展示。

（五）资源链接

（1）视频：大型音乐文化节目《劳动号子》（来源：广东卫视）。

（2）视频：纪录片《大国工匠》（来源：央视网）。

（3）视频：《时代楷模发布厅》（来源：央视网）。

第四章

生态型课堂育人模式的构建

第一节 生态型课堂建设的背景与意义

生态型课堂是以学生为主体,强调学生的需求、欲望和意识,兼顾学生的个性化发展,通过现代课堂教学手段,实现学生发展的课堂。与传统课堂教学模式不同,生态型课堂强调让学生健康成长,努力适应学生的个性化发展,为学生的全面发展奠定基础。生态型课堂尊重学生,突出学生的个性,强调学生在课堂活动中的积极主动性。

一、生态型课堂建设的背景

新时代生态型课堂建设是在全面贯彻新发展理念,推进普通高中育人方式改革,落实立德树人根本任务,发展优质教育,满足人民群众需求的背景下提出的。

(一)生态型课堂建设是贯彻新发展理念的要求

2015 年 10 月 29 日,习近平总书记在党的十八届五中全会第二次全体会议上鲜明提出了创新、协调、绿色、开放、共享的新发展理念。新发展理念符合我国国情,顺应时代要求,对破解发展难题、增强发展动力、厚植发展优势具有重大指导意义。2018 年 3 月 11 日,第十三届全国人民代表大会第一次会议通过《中华人民共和国宪法修正案》,将"贯彻新发展理念"载入宪法。新发展理念不仅是经济社会发展需要贯彻的理念,对教育发展同样具有指导作用。

(1)创新发展注重解决发展的动力问题。生态型课堂建设是坚持教育改革创新、增强教育发展动力的重要举措。生态型课堂建设是培养学生创新意识、提高学生创新能力的重要途径。

(2)协调发展注重解决发展不平衡的问题。生态型课堂的重要理念之一,就是因材施教,让不同学力的学生能在就近发展区发展,实现成功成才的目标。生态型课堂注重各要素之间的协调共生。建设和谐教育生态,有利于教育诸要素在同一个系统内协调发展。生态型课堂着眼于培养德智体美劳均衡发展、全面发展的社会主义建设者和接班人。

（3）绿色发展注重的是解决人与自然的和谐问题。生态型课堂包含人与环境和谐,建设生态校园,实现环境育人,师生爱护环境,树立绿色生活观念等特色教育理念。校园所蕴含的绿色环保理念对引领师生树立健康生活的新理念起到了潜移默化的作用。

（4）开放发展注重解决发展内外的联动问题。"生态"本身具有开放性,每一个相对独立的系统其实并不是孤立存在的,相反,它与其他系统密切相连。生态型课堂建设要求学校内部不同教学班组之间、学校各功能处室之间、不同学段学生教育主题及目标规划之间坚持联动。生态型课堂建设不能闭门造车,要学习借鉴已有理论和实践经验,要坚持"走出去""引进来"相结合,坚持开放办学。

（5）共享发展注重解决社会公平正义问题。生态型课堂坚持"有教无类"的育人理念,面向每一位学生,不放弃每一位学生,着眼于为学生终身发展奠基的目标,办负责任的教育,让每一位学生在自身学力水平基础上最大化地发展自己,让学生和家长在教育中感受公平正义,共享发展成果。

（二）生态型课堂建设是落实立德树人根本任务的要求

国无德不兴,人无德不立,立德树人是教育的中心环节和根本任务。对教师来说,生态型课堂有助于建立和谐互信的师生关系,有利于发挥教师言传身教的作用。教师要尽到教书育人、立德树人的责任,并把这种责任体现在平凡、普通、细微的教学管理中,实现全程育人、全面育人、全方位育人。

对学校来说,坚持"以生为本"理念,建设生态型课堂,要始终坚持把落实立德树人根本任务的成效作为检验学校一切工作的根本标准,真正做到以文化人、以德育人,不断提高学生的思想水平、政治觉悟、道德品质、文化素养,使学生做到明大德、守公德、严私德。落实立德树人根本任务需要深化教育体制改革,健全立德树人机制;扭转不科学的教育评价导向,坚决克服教育活动中唯分数、唯升学、唯文凭、唯论文、唯帽子的顽瘴痼疾。建设生态型课堂,探索多元化生态评价模式,坚持整体观、系统观,有利于把立德树人融入思想道德教育、文化知识教育、社会实践教育等教育各环节,有利于把立德树人内化到学校教育活动各领域、各方面、各环节。

（三）生态型课堂建设是满足人民群众对优质教育需求的必由之路

习近平总书记在党的十九大报告中明确指出:"中国特色社会主义进入新时代,我国社会主要矛盾已经转化为人民日益增长的美好生活需要和不平衡不充分的发展之间的矛盾。"人民群众的需求是多样化的,对教育的需求涉及民生,涉及人民群众的切身利益。人民群众对教育的美好需要就是希望能享受到公平优质的教育资源。生态型课堂建设坚持以学生为中心,根据学生学情因材施教,注重发挥学生的主体地位,调动学生自身内在发展的驱动力,帮助不同的学生选择适合的教育,实现学生成功成才的目标。生态型课堂建设着眼于为学生终身发展奠基,培育学生持续发展所需的核心素养,是满足学生个性化需求的、科学的、优质的教育要求。教育公平不是保证实现所有学生都升入同等类别的高校,而是根据学生学情帮助他们找到适合自己的发展道路,让他们最终成为有用之才。总而言之,生态型课堂建设有利于实现教育公平。

二、生态型课堂建设的意义

生态型课堂建设,立足于国家课程,从学生实际发展需求出发,积极利用地方课程,探索开发独具特色的校本课程,构建生态型课程体系,实现课程生本化,实现课程育人目标。我们要从学生的认知规律出发,探索有利于学生学科素养形成和可持续发展的课堂教学模式,实现课堂生态化,促进学生"生态型"成长,实现立德树人、全面育人的教育目标。生态型课堂通过生态型课堂教学和生态型课程体系构建,探索德智体美劳五育并举的融合生态型育人模式,符合时代发展、学生发展、育人方式改革的需要,对于培养适应未来的具备核心竞争力的德智体美劳全面发展的高素质人才具有重要意义。

(一)生态型课堂建设符合时代发展的客观要求

新发展理念要求协调发展、绿色发展,只有整个生态系统保持和谐,才能促进各要素和谐发展,这是人类从几千年的发展实践中总结出来的道理。生态型课堂是生态环境中的一个系统,系统中包含学生、教师、教学环境等诸多要素,保持这些要素的平衡,对学生学习知识、发展思维、培育学科核心素养都具有良好的作用。生态型课堂强调自然的和谐性、生命的灵动性,具有整体性、开放性、协变性和发展性等特点。在生态型课堂中进行学习的学生具备较为灵活的思维,能够有效地塑造较为完善的人格,通过尊重自然、和谐的课堂氛围能将所学知识与情感完美地融为一体,形成具有深刻情感内涵的价值观。生态型课堂符合人与自然和谐发展的价值观,符合客观规律,符合时代发展的要求。

(二)生态型课堂建设符合学生发展的客观需求

应试教育片面追求升学率,重智育而轻其他,机械式地重复增加作业和训练考试,会降低学生的学习兴趣、探究动力和自主学习能力。生态型课堂尊重学生的意愿和个性化发展需求,让学生在和谐的课堂生态环境中健康成长,不断提高综合素质,成为全面发展的优秀人才。

（1）生态型课堂建设有利于激扬生命。心理学家马斯洛认为,人有生理需求、安全需求、社会需求、尊重需求和自我实现需求,其中自我实现需求是最高层次的需求。在生态型课堂中,教师要做的不是填鸭式地一味讲授,而是为学生搭建一个平台,不断激励和鼓舞学生,尊重个性化发展,培养完整的生命个体,全面提升学生的综合素质。

（2）生态型课堂建设有利于激发学生潜能。传统课堂中教师对学生的学习能力、兴趣、潜力缺少信任,存在讲授过多、教得过度的问题,这在一定程度上剥夺了学生思考的能力,抑制了学生的发展。生态型课堂的基本理念之一就是认为学习能力、学习欲望是人的基本能力,学生是一个完整的生命个体,积极向上、学习创造是本能,知识的习得是靠学生自己积极努力完成的,教师在教学过程中起到帮助作用即可。生态型课堂的教学方案是以学生现有的学习能力和认知能力为前提,以学生为中心设计的,学习任务也是从学生的实际学习情况出发布置的,将课堂的中心从教师身上转移到学生身上,将依靠教师转化为依靠学生自己的能力去解决问题,充分激发学生的内生动力和潜能。

（3）生态型课堂建设有利于培养学生团结互助的合作意识。心理学家柯尼斯·格曼曾说,没有社会交往,一个人不能学习,也不能得到很好的发展;所有的学习都是在特定情况下进行的,这是一定的社会关系和人际关系的特点,通过互动的方式学习,成为学习的不可分割的一部分。如果学习者在互动活动中投入更多责任,学习的可能性就会更大。日本教育家佐藤学也曾说,在合作学习中,不仅需要个人努力,还需要沟通,共同突破难关,互助鼓励,在挫折和失败中爬起来。生态型课堂不仅重视个体的学习,同时重视同伴互助交流学习,是既包括个体学习又包括团队学习的课堂。山东省东营市第二中学在生态型课堂建设中探索出"问题引领,学案导学"双导教学模式和小组合作学习模式,通过自主学习、合作探究相结合的理念改革,充分发挥了学生的主体作用,取得了良好成效。

（4）生态型课堂建设有利于促进学生的可持续发展。可持续发展指的是能够正确处理人与人、人与自然、人与社会之间的关系,能够使人与自然得到和谐与平衡的发展。生态型课堂建设坚持促进学生可持续发展,培养学生终身发展能力,实现所有要素和谐统一,激发学生的内生发展动力,培养学生的关键能力和必备品格,培育核心素养,将生态型课堂发展与学生的可持续发展相统一。

（三）生态型课堂建设符合教育改革的需要

普通高中教育是国民教育体系的重要组成部分,在人才培养中起着承上启下的关键作用。办好普通高中教育,对于巩固义务教育普及成果、增强高等教育发展后劲、进一步提高国民整体素质具有重要意义。2019年6月11日,国务院办公厅发布《指导意见》,这是新时代深化普通高中育人方式改革,为培养时代新人奠基的指导性文件。

（1）生态型课堂建设有利于学生个性化发展。普通高中学段的学生具备较多的知识、见识,具有一定的生活阅历,能够开展个性化探究学习,基于兴趣爱好和特长对自己未来所学专业、所从事的职业有独立思考。普通高中新课程、新教材的全面实施,适应学生全面而有个性地发展的教育教学深入推进;生态型课堂建设注重对学生的个性化教育和针对性的指导;全面育人导师制的实施注重加强对学生理想、心理、学习、生活、生涯规划等方面的指导,帮助学生树立正确的理想信念,正确认识自我,更好地适应高中学习生活,处理好个人兴趣特长与国家社会需要的关系,提高对选修课程、选考科目、报考专业和未来发展方向的自主选择能力。

（2）生态型课堂建设有利于构建全面培养体系。育人方式变革要求突出德育时代性,坚持把立德树人融入思想道德教育、文化知识教育、社会实践教育各环节,加强学生国家观、历史观、民族观、文化观教育,增强"四个自信",厚植爱党爱国爱人民情怀。这就要求建设生态型课堂,坚持课程思政、德智融合理念,构建教育主体和谐关系,增强教育时效性,实现为党育人、为国育才的目标。生态型课堂是以生为本的课堂,坚持强化综合素质培养,改进科学文化教育,统筹课堂学习和课外实践;强化体育锻炼,培养学生的体育兴趣和运动习惯,使学生掌握体育技能;加强美育教育,重视劳动教育,促进学生全面发展。生态型课堂注重"生态"的开放性,因地制宜打造学生社会实践大课堂,建设学生社会实践基地,开展(实践)体验式教学,把学校"生态小课堂"与社会"生态大课堂"结合起来。

（3）生态型课堂建设有利于深化课堂教学改革。《指导意见》要求按照教学计划循序渐进地开展教学,提高课堂教学效率,培养学生学习能力,促进学生系统掌握各学科基础知识、基本技能、基本方法,培养适应终身发展和社会发展所需要的正确价值观念、必备品格、关键能力。生态型课堂注重发挥学生的主体地位,激发学生的学习兴趣,调动学生的学习积极性,积极探索基于情境、问题导向的互动式、启发式、探究式、体验式等不同方式的课堂教学,注重激发学生学习的内生动力,提高学生自主学习和合作探究的能力,培育学生的核心素养。

生态型课堂教学模式的构建原则

生态型课堂教学模式蕴含着"以人为本""和谐相处"的教育理念。为了提高教学效益和育人质量,在运用生态型课堂教学模式时应注意以下原则。

一、教学内容探究性和互动性原则

教师实施生态型课堂教学模式时,选择的教学内容或者提出的课堂问题应具有探究性和互动性。有的教师给出的问题并不能引起学生自身的兴趣,使得在具体开展教学的过程中学生的参与度不高。在教学内容的呈现方式上,教师可以运用现代信息技术将教学内容制作成专题,使其图文并茂,增加内容的趣味性、互动性和吸引力。在实施教学时,教师应充分考虑学生的学情,考虑学生的学习基础、学习习惯、思维模式,教学难度不宜过大。有些抽象的教学内容,需要依靠教师耐心讲述、深入讲解;有的教学内容较简单,学生借助参考资料自主学习便可掌握。教师要充分利用教材中的探究性活动,如人教版地理教材中有图表解析类、材料评测类、绘图类、演示类和举例说明类的各种活动。这给教师选择教学内容,充分发挥生态型课堂教学模式的优势提供了资源和条件。

二、教学目标实际性和可操作性原则

教学目标既是课堂教学活动的出发点,又是课堂教学活动的落脚点。教学目标之间相互影响,相互作用,共同服务于教师和学生的课堂教学活动,为课堂教学提供导向和指引。在教学过程中,教师不能脱离于教学目标而随意组织教学,这会增加课堂教学的盲目性。生态型课堂教学模式要求教师在设计教学目标时,必须考虑到知识的重难点,充分分析学情,关注学生的"最近发展区",还要考虑到学校的资源配置情况。另外,教学目标也要符合教学实际,不能脱离教学内容,不能远离社会现实,应贴近学生的生活,能够让学生在生活中获得启发和感悟。

三、课堂气氛开放性和民主性原则

教师在运用生态型课堂教学模式时,应使课堂具备高度的开放性与民主性。有的教师在进行探究式教学时往往放不开,仍然是封闭式的"满堂灌"教学。生态型课堂教学模式应将有限的教学内容和教学环境融入整个社会中,重视学生心灵的开放情况,为激发学生潜力创设良好的环境。教师应当鼓励学生参与探究、积极互动、大胆交流,提高学生的语言表达能力、知识阐述能力和问题解决能力。基于此,教师应营造活跃开放、积极向上的课堂气氛,平等、民主与合作的师生氛围。教师是课堂的设计者、组织者、引导者,要从学生心理特征出发,让学生自己去讨论、探究,在学生学习的过程中给予适当指导。

四、教学评价多元化原则

为发挥教学评价应有的导向、诊断、激励功能,教师需要优化传统的教学评价体系,灵活运用多种评价方法,充分将诊断性评价、过程性评价与终结性评价结合起来。一是评价主体多元化。评价主体要由单一的教师转变为学生、同伴、教师、家长等。教师要重视家长对学生学习评价的价值,发挥家长对学生学习的教育与督促作用。二是评价方法多元化。教师在教学中,要灵活运用评价方法,根据学生的学习需要和学习特点采用不同的评价方法,发挥评价对学生学业的反馈、促进作用。教师采用多元化的评价方法,有利于激发学生学习的热情,提升学生学习的成就感。三是评价标准多元化。教师不能只关注学生的学业成绩,还要重视学生在学习活动中的问题意识、创新精神、社会责任感、爱国热情等。教师对不同的学生施以不同的评价,会更好地促进学生的素质发展,培养社会所需要的创新型人才。

五、以学生发展为中心原则

第一,教师要从观念上改变传统的以教师为中心、忽视学生个性化发展、"满堂灌"的教学观念。教师要把学生看作鲜活的、有独立个性的个体。

第二,教师要对学生进行深入的研究。教师一方面要充分与学生进行互动、交流,了解学生的心理发展特点和已有的知识经验水平;另一方面要了解学生的兴趣爱好和学习需要。只有这样,教师才能做到从学生的实际情况出发,制定相应的教学策略,促进学生各方面的发展。

第三,教师要因材施教,不能忽视学生的实际情况。教师要善于观察和发现不同学生在学习上的差异,要针对学生的认知能力和学习特点,给予学生不同的引导。有的学生基础比较扎实,教师要提供抽象一些的问题,使他们的思维能力得到更好的发展;有的学生基础相对薄弱,教师要提供多个层次、多个角度的指导,如讲解和示范,使他们在教师的帮助下顺利实现学习目标。教师要在教学中根据教学对象的个性特点灵活地调整教学策略,进行个性化教学。

六、遵循教师主导作用和学生主体地位原则

我们在运用生态型课堂教学模式时,容易陷入一个误区,就是把课堂交给学生,过分强调学生的主体地位,教师游离于课堂教学之外,难以发挥教师对稳定教学节奏、讲解系统知识所起的作用。因此,在教学中强调学生的主体地位,并不意味着教师主导作用的削弱,这两者是不分裂也不矛盾的。教师要把握教学方向,落实教学目标,安排教学内容,控制教学的活动进程,并始终对学生的学习进行指导。教师要转变自身角色,从过去的课堂权威转变为教学活动的组织者、学生学习的指导者、学生发展的促进者,促成其主导作用与学生主体地位的有机统一。生态型课堂教学模式需要进一步发挥教师的主导作用和落实学生的主体地位,促进学生综合素质的提升。

第三节 生态型课堂教学模式阐述

生态型课堂是依据生物学原理,以生态的眼光、态度与方法来观察、思考、分析课堂教学,将教育回归生态化。生态型课堂坚持以人为本,保证教学过程中学生的主体地位,尊重学生个性化发展,充分挖掘学生潜能,倡导师生平等交流互动,通过现代教学技术手段,实现教师教学与学生发展的真正统一。

一、生态型课堂的构成要素

课堂生态系统中的生物要素是教师和学生,教师与学生相互依存、相互作用,缺一则无法构成课堂。课堂离不开特定的环境,教师、学生与课堂环境之间,课堂环境中的各要素之间都存在着密切的联系和广泛的互动。生态型课堂应该包含以下三个特征:一是和谐。生态学认为,自然环境中的生态系统大致会呈现出内部因素平衡和谐的状态,运用到课堂中,主要是指师生之间、生生之间的和谐,教室环境视觉和感受上的和谐,以及在教学目标实施过程中的和谐。二是动态。依据生态学理论,自然界中的万事万物处于相互作用、互利共生的状态,每时每刻都在发生变化,相互影响。在课堂中,每一个参与课堂活动的个体必须是保持活跃、积极状态的。教师一板一眼地讲课、学生死气沉沉地听课的课堂,是绝不能被称为"生态型课堂"的。三是交流。生态学理论认为,只有注重对外开放,与外界保持物质和能量两方面的交流,才能保持生态系统永久的活力。在课堂内外,必须保持开放交流的状态。

二、生态型课堂的转变

(一)转变了教师角色

生态型课堂变革了传统的师生关系。师生关系不再只是简单的灌输、接受的关系,而是一种尊重、平等、民主、自由、宽容、鼓励和帮助的"伙伴"关系,任何一方都不把对方作为一种对象去控制、去灌输。学生通过与教师的交往和对话而成长,教师通过与学生的对话而充实,从而实现共享知识、共享智慧、共享人生的价值和意义。教师作为授业者,教学生掌握知识技能;作为引导者,引领学生精神发展;作为师长,是教育活动的民主组织者、学生全面发展的促进者,同时又是学生生活中的伙伴。

(二)转变了教案设计思路

生态型课堂变以课本知识为本的教案设计为以学生发展为本的教学设计。生态型课堂强调以学生的发展为本,教师要了解学情,着眼于学生的全面发展,不仅从知识技能层面上,也从发展核心素养等方面设计教学目标,站在学生的角度设计学习方案。美国著名的教育心理学家奥苏贝尔有一段经典的论述:"假如让我把全部教育心理学仅仅归纳为一条原理的话,那么,我将一言以蔽之:影响学习的唯一最重要的因素就是学生已经知道了什么。要探明这一点,并据此进行教学。"这就要求教师在充分把握学生学力的基础上,预先假设学生会在何处何时有疑问和困难,设计更具有挑战性的教学环节,调动起学生的思维,使学生变被动学习为主动学习,帮助学生在原有知识经验的基础上建构新的知识。

(三)转变了课堂功能

生态型课堂变单纯的传授知识的场所为师生合作交往的场所、学生身心成长的精神家园。生态型课堂首先应是一个思维场,应当有利于学生智慧的形成和发展。要使课堂始终充满着浓郁的思辨色彩,努力建构一个思辨的课堂,一个思想的课堂。生态型课堂应该是一个情感场,应该使学生的情感在一种自由、和谐的氛围中不断得到陶冶与美化;课堂情感脉搏的变化既影响到学生的思维状态,也影响到师生的交往互动。生态型课堂应当是一个交往场,让学生交流起来,真正动起来;这里的动,不是表面上的动,而是主要指学生内心世界的动,思维在动,情感在涌动。课堂上,教师要让学生拥有话语权和探究权,必须把"问"的权利还给学生,让学生多发问,多思考,鼓励学生突破现成答案,大胆质疑。凡是学生自己能学会的,就引导学生自己学习;凡是学生能动手操作的,就尽量让学生自己动手。教师要让学生参与、体验、分享、整合、应用,亲身经历知识获得的过程。生态型课堂中,每位学生都是一个独立完整的个体,教师要充分意识到他们是作为"人"而存在的,并尊重他们的课堂权益,这样才可能实现和学生同步健康发展。课堂是师生彼此沟通、相互交往的生活场所,是师生合作交流、心灵对话的舞台,是师生和谐发展、生命成长的精神家园。

三、生态型课堂的建构

生态型课堂包含三部分:生态教法、生态学法、生态评价。在教学过程中,我们往往更注重教法与学法,而忽视教学评价。事实上,教学评价可以起到验证教学效果的作用,是基于证据做出教学决策的一个教学过程。教师可通过评价采集、分析、利用学生学习信息,验证学生已获取的学习结果与学习目标期望值之间的差距,诊断学生在认知心理结构上存在的问题,确定补救对象和补救契机。因此,生态型课堂理应是教师教、学生学与教学评价紧密联系、相互交织的一个动态生成的过程。概括起来,也就是"教－学－评一体化",最终目的是促进学生的发展。教学过程中,教学、学习和评价如果不能融通,将影响教学效益。我们要实施"教－学－评一体化",把课堂评价贯穿于教学活动中,发挥课堂评价改善教学、促进教学质量提升的作用,有效解决课程标准与实际教学、教师教与学生学"两张皮"的现象。"教－学－评一体化"真正的含义是一个教与学、教与评、再教与学相互融通的循环过程,是一种内在的即学、即教、即评的过程,是一种不断诞生新的学习、新的教学、新的评价的过程,是一种符合生态学规律的过程。

(一)生态教法

不同课型(新授课、复习课、讲评课)对应不同的教法,基本模式为"问题导向,学案导学"的"双导模式"。如新授课采用"导、学、议、展、测"模式,立足于学生长远发展,把课堂还给学生,把学习还给学生,突出学生主体地位,使教育从知识本位走向综合素质本位,不仅培养了学生的学习能力,也提高了教学质量。该模式虽然在实施过程中会存在或多或少的问题,但可面向不同层次的学生,使每个学生都有表达自己的机会,也能促进学生思维方式的转变,最终培养出具有良好学习能力的社会公民,因此,值得进一步实践和研究。现对其教学流程(如图4-1所示)进行详细介绍。

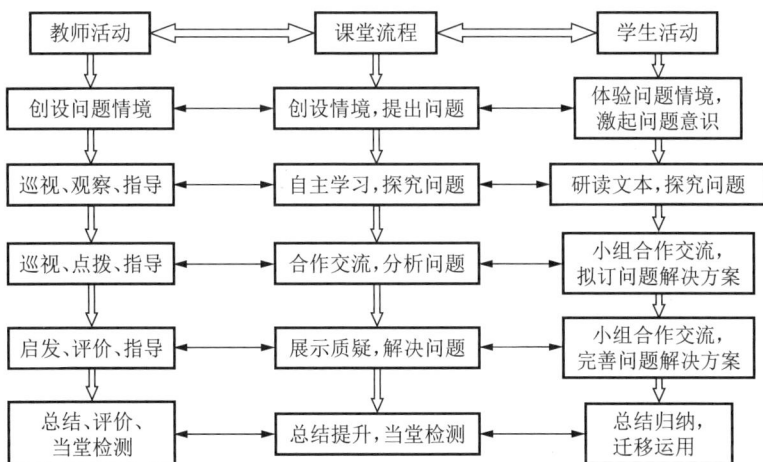

图4-1 "双导模式"教学流程

图4-1表明,以问题为导向的学案导学生态型教学模式主要由五个环节组成:创设情境,提出问题;自主学习,探究问题;合作交流,分析问题;展示质疑,解决问题;总结提升,当堂检测。问题的解决即是课堂的核心,整堂课从提出问题到探究分析问题,再到解决问题以及迁移运用,都围绕着问题展开。下面分别就新授课、讲评课和复习课的教学流程做出阐释。

1. 新授课

新授课五步骤:出示目标,明确任务;学案引领,自主探究;分组合作,讨论质疑;展示点评,总结升华;清理检测,目标达成。此步骤有助于实现"堂堂清"教学目标,用五个字概括就是"导、学、议、展、测"。

"导、学、议、展、测"教学模式,以学案为载体,以导学为方法,实行课上导学、自学、互学的模式,改变了传统教学中教师单纯地讲、学生被动地听的教学现状,充分体现了教师的主导作用和学生的主体作用,使"两主"和谐统一,发挥出最大效益。

在这种教学模式中,学生根据教师精心设计的学案,认真阅读教材,了解教材内容,然后根据学案完成相关内容。这种教学模式:一方面,满足了学生思维发展的需要;另一方面,满足了学生自我发展意识的需要,对学生的自我发展和自我价值的体现有积极的作用。教师运用这种教学模式进行教学的过程中,不仅充当知识传授者的角色,更重要的职责是培养学生的自学能力、自学习惯,教会他们怎样学习、怎样思考,从而使教学工作收到事半功倍之效。这种教学模式把课堂教学划分为"导、学、议、展、测"五个阶段,并将这五个阶段贯穿于课堂教学的全过程。

1)"导"

课堂导入的方法很多,但最终目的是一样的,那就是想方设法让学生集中注意力,激发学习兴趣,引发求知欲望,营造愉快的学习氛围,让学生愿意学、善于学。而"导、学、议、展、测"课堂教学模式的"导"就是"出示目标,明确任务"。

2)"学"

"学"即指导学生读书,提倡自学,培养学生的阅读习惯及阅读能力。学生要在学案引领下自主探究。学生要根据导学案中的要点或安排好的练习题,提出层次不等的问题,带着问题去思考、学习。教师来回巡视,及时掌握反馈信息,并通过学生的自学情况掌握学情,做到心中有数,有的放矢。

3)"议"

"议"即议论、讨论。小组合作,学生通过相互交流,激活思维,互帮互助。小组合作学习是课堂的重要组成部分。各个班级根据学生学习的基础不同,从学生不同的知识结构、学习成绩、学习风格等方面来优化组合;按照"组内异质,组间同质"的原则分成六个小组,每个小组的人数根据班额来确定,有的班级是 4 或 5 人,有的是 6 或 7 人;桌对桌,面对面,以便于学生分组、交流、合作。组内合理分工,明确职责。

4)"展"

"展"主要是指学生自学、互学后的展示和教师的精讲点评。在展示、交流阶段,学生展示、交流自学成果,并进行知识的迁移运用和感悟的提炼提升。这是一个生生、师生、组组互动合作的过程。各小组在全班展示、交流自学成果,阐述自己的观点和见解,同时提出问题并讨论。全班通过各组对不同任务的展现获得提升,分享他人的成果,同时受到一定的启发,课堂学习的效率与质量就有了很大的提高。

在展示、交流阶段,一般是在教师指导下,学生首先进行小组展示,交流预习成果。在小组讨论中,每一个学生都积极地投入,除了接受信息之外,更多的是带着怀疑的心态去思考;其反应除了听之外,更多的是赞许、补充、质疑。然后是全班性的展示,学生争先恐后地争取发言的机会。发言的学生慷慨激昂,其他学生凝神倾听。对学生而言,他们感到讲的人或听的人与自己是平等的,没有什么权威可言。尽管学生的知识基础、认知程度各不相同,学习的深度各不相同,但是通过展示,每个人都把自己最美的一面展示出来,日积月累,自信心就会得到培养。

通过讨论,每个人都展示了自己。通过讨论,学生除巩固了知识和提高了技能,更重要的是体验了解决问题的成就感,这也是学习积极性的重要源泉。根据马斯洛的动机激励理论,人在基本物质需要被满足之后所追求的主要是精神需要,而自我实现和自我成就的需要是最高的精神需要。讨论是课堂走向自主必不可少的重要手段。

展示内容的选取:一是简单的问题不展示,无疑问的问题不展示,展示的是重点、难点、有争议、一题多解的问题,能拓展延伸、提高学生能力、开发学生潜能的问题;二是要选取有价值、有代表性的问题进行展示。

教师根据问题汇总的情况给各学习小组分工,让各组展示。每个小组分配任务的多少应根据题目的难易来确定。学生在展示、点评、质疑时,要做到脱稿或半脱稿。

在学生的展示、质疑、点评中,教师要当好"导演",善于启发和引导,善于捕捉时机进行评价、追问、点拨。点拨要要言不烦、不愤不启、不悱不发,"点"要实现画龙点睛、点石成金的效果,"拨"要达到拨云见日、拨乱反正的目的。教师的点拨:一是针对展评内容,肯定值得借鉴的地方,指出存在的问题;二是对展评中模糊不清的疑难,做出准确的答复;三是对重难点问题进行点拨讲解,归纳方法、规律,点拨的语言要简练,要直奔问题,开门见山,直击要点,点深点透;四是要对主讲、补充、质疑、听讲等各方面的学生进行全面关注和调控,及时对个人、小组予以评价。

"问题引领,学案导学"课堂教学模式以学生自学、互学为主,教师的讲要精讲,这就要求教师非常明确讲什么、点拨哪里,要清楚何时点拨、点拨什么内容(易错知识点、易混知识点、方法、规律、知识结构、注意事项、拓展等),做到"三讲三不讲"。

"三讲":易混点、易错点、易漏点。"三不讲":学生已会的不讲,学生能学会的不讲,学生怎么也学不会的不讲。讲解时教师的思维要与学生的思维同步,同时还要培养学生知难而上的品质,教会学生分析问题、解决问题的方法,达到理解、掌握并能熟练运用知识的目的。

教师还是课堂上的组织者和协调者。教师要关注学生参与的广度和深度,每堂课学生的参与度要在90%以上。教师也要参与讨论的全过程,鼓励学生发言,允许学生辩论,通过辩论使学生加深对知识的理解,提高学生探索、辨析的能力。

5)"测"

测试是检验学生是否真正掌握了本节课教学内容的手段,这一环节大约用时10分钟。教师在一体机上写出或印发课前精心选取的考查本节课内容的试题,题目灵活多样,数量不等,让学生在限定的时间内完成。教师来回巡视,以便及时了解教学效果,发现问题及时纠正,防止学生两极分化,确保不让一个学生掉队。

测验完,教师通过互评、自评、抽查等手段检查学生的掌握情况,有问题的学生下课后抽时间弥补。最后用简洁的语言总结本节课的内容,并有针对性地布置课外作业。

2.复习课、讲评课

复习课的步骤为:单元导入,明确目标;学案引领,知识梳理;发现问题,小组讨论;展示点评,总结升华;链接高考,拓展提高。其浓缩为五个字就是"导、学、议、展、拓"。讲评课的步骤为:数据分析,明确目标;自我纠查,分析错因;小组合作,讨论质疑;教师点拨,总结升华;跟踪训练,拓展提高。其浓缩为五个字就是"导、学、议、点、练"。

这里重点谈一下复习课与讲评课的第一和第五个步骤。

1)复习课

(1)单元导入,明确目标。单元是一个相对完整的教学过程,是实现教学目标的基本单位,也是学生发展知识体系、思维方法和情感、态度、价值观的基本单位。单元是一个教学系统,由若干节具有内在联系的课组成。这些具有内在联系的若干节课相互间形成一个有机的教学过程,其知识、方法、态度等内容也集合成了一个统一的板块。单元教学的着眼点是"单元"。从教学内容看,单元教学以一个单元为相对独立的教学单位,强调从单元这个整体出发设计教学,突出内容和过程的联系性和整体性。从教学目标看,单元教学是一个相对完整的过程,在这个过程中,多个目标的有机融合和有效落实问题逐步得到实现。从教学方法看,单元教学不是对单元内各课题平均使用力量,而是依据学生的认知特点和某个单元的教学内容,整体把握本单元的教学目标,把各个目标分配到不同的课时,进行系统的规划后再分课时教学,最终高效达成目标的过程。

（2）链接高考,拓展提高。教师针对本节课复习目标,适当链接高考相关题目,拓展提高。题目选择的原则是依据复习目标、针对复习内容,复习什么就选择与之相对应的高考题型,突出复习的重点和疑点。题目的容量要适中,最好控制在 5～8 分钟就能完成,并做好反馈评价。教师应进一步从复习的整体考虑,以点带面,从特性到共性,由表及里,引导学生完成知识的深化及规律的总结,还应注重学习方法、答题规范的指导。

2）讲评课

（1）数据分析,明确目标。教学数据是对学校教学事实观察的结果,是对客观教学现象的逻辑归纳,是用于表示教学过程、结果的未经加工的原始素材。教师在教学过程中一定要对真实有效的信息数据给予足够的重视。我们可以利用已经开发出来的评估系统和在教学过程中创新的各种数据统计系统,对学生的整体状态、学优状态进行评估,对学生的互动情况进行记录,记录后生成报表。在课堂教学中教师要对提问类型、提问对象、提问质量、学生的响应情况进行相应的记录。这些数据可以用来观察学生的学习状态、教师的行为状态,辨明教师是处于无效的讨论、枯燥的讲解中还是处于高效的授课、生动的教育过程中,更加有利于明确每单元、每课的目标,进行有的放矢的教学设计。

（2）跟踪训练,拓展提高。教师通过形成性训练和测试,不仅可以培养学生的知识迁移与应用能力,还可以反馈讲评效果,对讲课过程中的不足及时进行纠正。教师可以发放针对性训练或测试题,让学生自主解决,并且进行小组内合作或班级内展示,学生间或小组内进行质疑释疑,解决疑难问题,提高问题解决能力和综合能力。要注意训练题和测试题的典型性、针对性,要精选精练,要处理好训练与能力形成的关系,要合理设置课堂容量。

（二）生态学法

生态学法即生态学习方法。学生的学习方法不只是对书本知识的学习策略,还应是在理解理论知识的基础上学会应对生活情境变化的方法。生态学法是在学生自主学习、合作探究的过程中,总结适合学生个性特点的学习新知识、解决新问题、合作交流等的方法的总称。生态学法要求学生学会合作、学会交流、学会分享。此外,生态学法还强调学习方法的生态可持续性,即在真实情境下针对靶向问题的自主探究、小组合作探究等学习方法。

(三)生态评价

生态评价即生态型的教学评价,并非课堂上简单的"不对""对""很好"等话语,而应包含课前评、课上评、课下评三部分,贯穿整个教学过程。与传统教学不同的是,生态评价要求在制定学习目标前首先陈述"学习目标制定的依据",包括课程标准、考纲要求和教材及学情分析,保证学习目标制定的准确性。教学过程分成两栏,保证教师与学生的互动内容与评价任务相匹配,保证教学过程与评价任务的一致性,最后加上前测和后测的结果对比,检验学习目标的达成度。实际运用过程中,教师要注意将三者有机融合,贯穿整个教学过程。

生态型课堂教学模式中的注意事项

生态型课堂教学模式是以教师为主导、学生为主体的课堂模式,以"自然、开放、多元、可持续"为基本理念。如何落实学生的主体地位以及教师的主导地位,落实"自然、开放、多元、可持续"的基本理念,一直都是该课堂教学模式实施过程中亟待解决的问题。通过对生态型课堂的实践,笔者认为在教学中应注意以下问题。

一、突出"教师为主导,学生为主体"的"双主"地位

学校确立了"三个一切",即"一切为了学生,为了学生一切,为了一切学生",提出了为学生发展奠基的教育理念,具体体现和落实到教学上就是要改变以教师为中心的教学观,树立以学生为主体的教学观,概而言之,"教师为主导,学生为主体"。传统教育的专制性弊端,致使学生的主体地位被弱化。完整意义的教学过程本来就是"教"与"学"的统一,"教"为"学"服务,"学"是"教"的落脚点。生态型课堂教学模式要求我们面向全体学生这个主体,要求学生在教师的指导下进行学习时,表现出主动性、自觉性、选择性、创造性。

贯彻以学生为主体的教学观,就是教师走到幕后,学生走向台前,教师做导师,做到"思想引导、心理疏导、生活指导、学习辅导"。课前教师深钻教材,把握住教学的重难点,结合新课程改革的理念,设置一系列指向学生核心素养提升的问题;小组合作学习按 6 ~ 8 人分组,引领学生独立思考,自品自悟,通过合作讨论得出结论或者提出新的疑惑,对于学生讨论交流后还不能解决的问题,教师要引导和启发学生逐步解决。这样,学生动起来了,成了课堂的主角、发现者,教师成了课堂的辅导员、引领者,变教学为导学,变演讲为参与,凸显了学生的主体地位,实现了学生的主动发展。

二、严格落实"先学后教,以学定教"的基本原则

小组合作学习让学生自学有了组织保障。教师课前通过导学案引领学生围

绕"自学指导"走进文本，自我思考、研究，让学生自学、先学有了可能；课上教师通过问题引导学生思考的方向，就疑难问题，以小组为单位"兵教兵"，共同探究，最后再引导学生用所学知识走出文本，解决实际问题，让学生尝到"先学"带来的甜头。生态型课堂教学模式改变了传统课堂教学模式下"先教后学（练）"无效、低效的状况，实现了课堂的有效、高效。正如陶行知先生所说："教什么和怎么教，绝不是凭空可以规定的。他们都包含'人'的问题，人不同，则教的东西、教的方法、教的分量、教的次序都跟着不同了。"

三、精心把牢"课堂问题、学生学案"两个抓手

生态型课堂教学模式要求教师做足备课环节的准备，精心把牢"课堂问题、学生学案"两个抓手。导学案不可能把课堂上要提出的问题一一罗列出来，所以设计的问题要"精"。教师课前精心准备课堂问题，坚持导学性原则，让课堂问题成为学生课上学习的"路线图""方向盘""指南针"；坚持探究性原则，做到"知识问题化、问题探究化、探究层次化、导学简单化"；坚持层次性原则，引导各层次学生由浅入深、层层深入地认识教材、理解教材，使不同层次的学生都学有所得。

导学案的编写要做到知识问题化、问题探究化，即把知识转化为导学问题、探究问题，把问题按阶梯式由易到难呈现出来。通常第一层次为"识记类基础知识"，要求学生在阅读文本后迅速解决；第二层次为"理解类知识"，要求学生能把新知识、原有知识和生活挂钩，形成融会贯通的衔接；第三层次为"应用类知识"，要求学生学以致用，能解决实际问题；第四层次为"拓展类知识"，要求学生能把所学知识和社会生活实际挂钩。

导学案的编写还要充分发挥教学组的集体智慧，经历"个备—群备—自备"的流程。教师要先周备课，每课一案。先由主备人"个备"，然后返回教学组在集体教研时间"群议"，主备人再根据大家的建议进行"修订"，然后分给相关任课教师，任课教师再根据自己班级的学生实际进行"个备"，最后结合实际的授课经历做"课后修订"。这样可以让导学案实现问题层次化、学案精细化，既可以面向全体，又能够适应学生的个体差异，使不同层次的学生都学有所得，增强学生学习的自信心，挖掘学生学习的内驱力，让每一个学生都能享受学习成功的喜悦。

四、有效解决教师教与学生学"两张皮"的问题

生态型课堂教学模式，即教育者应从人与自然相互依存、和睦相处的生态观出发，引导受教育者可持续发展的一种教学理念。

在教学过程中，我们往往更注重教法与学法，而忽视教学评价。事实上，教学

评价可以起到验证教学效果的作用,是基于证据做出教学决策的一个教学过程。教师可通过评价采集、分析、利用学生学习信息,验证学生已获取的学习结果与学习目标期望值之间的差距,诊断学生认知心理结构和情感意向程度上存在的问题,确定补救对象和补救契机。因此,生态型课堂教学模式理应是教师"教"、学生"学"、教学评价紧密联系相互交织的一个动态生成过程,概括起来,也就是"教-学-评一体化"。这一术语是日本学者水越敏行等人提出的教学评价原则,它以多元智能理论、建构主义和后现代主义理论为依据,认为评价的直接目的是改善教学,最终目的是促进学生发展。教学过程中,教学、学习和评价如果不能融通,将影响教学效益。学校实施"教-学-评一体化",把课堂评价贯穿于教学活动中,发挥课堂评价改善教学、促进教学质量提升的作用,有效解决课程标准与实际教学、教师"教"与学生"学"的"两张皮"现象。"教-学-评一体化"的真正含义是一个"教与学-教与评-再教与学"相互融通的循环过程,是一种内在的即学、即教、即评的过程,是一种不断诞生新的学习、新的教学、新的评价的过程。

教师要成功实施生本理念下的生态型课堂教学模式,必须树立现代主题教育思想,即以学生的发展为根本,以开放的教学思想、多元的教学方法保证每一个学生都能获得发展,真正实现"自然、开放、多元、可持续"的教育理念。

第五章

生态型课堂育人模式教学案例

"双导"型生态新授课案例

——以《登泰山记》为例

教材分析

《登泰山记》选自部编版高一语文必修上册第七单元。本单元是必修教材中唯一一个专门的散文单元,属于"文学阅读与写作"学习任务群。这一任务群的主要学习目标与内容:精读古今中外的优秀文学作品,使学生在感受形象、品味语言、体验情感的过程中提升文学欣赏能力;能根据不同文学体裁不同的艺术表现形式,从语言、构思、形象、意蕴和情感等多个角度欣赏作品,获得审美体验,认识作品的美学价值,发现作者独特的艺术创造。

本单元所选课文都是散文名篇,既有《故都的秋》《荷塘月色》《我与地坛》这样的现当代散文,又有《赤壁赋》《登泰山记》两篇古代散文。这些散文名篇有几个共同点:写景精彩,意蕴深厚,语言优美。因此,围绕这一组文章,教材将本单元核心任务设定为:学习本单元的写景抒情散文,体会民族审美心理,提升文学欣赏品位,培养对自然的热爱之情。

《登泰山记》是一篇脍炙人口的游记佳作。全文记述了作者姚鼐与友人一起,在冬日雪后登泰山观日出的经过,生动地描绘了泰山雪后初晴的瑰丽景色和日出时的雄伟景象。全文不足五百字,却描绘了许多壮观的场面,将小细节与大印象结合,充分表现出雪后登泰山的特殊情趣。文字朴素雅正,通畅清顺,把泰山的风景美、古老文化的美呈现给读者。200多年后阅读此文,仍能感受到作者姚鼐那颗热爱祖国、热爱名山大川的心,正是这份热爱,打通了时间壁垒,为学生学习本节课内容奠定了情感基础。

学情分析

本次授课面向刚入学一个多月的高一新生。他们进入高中时间不长,一般来说,还未完全适应高中学习节奏和方法的转变,尚未养成主动学习、主动思考的习惯,还不能理解内容复杂的文本。加上本次授课为借班授课,学生对教师有一定程度的陌生感,这也会阻碍教学的正常推进,需要教师在问题设计上由易到难,循序渐进,并注重方法的点拨和指导。

学生在初中阶段有阅读、学习古代游记类散文的经历,如《小石潭记》《醉翁亭记》,对此类作品的一般思路并不陌生。此外,学生在初中阶段还学习过《湖心亭看雪》,也为赏析雪景描写奠定了基础。

另外,泰山作为齐鲁名岳,在学生心中有极高的文学地位,在十多年的学习生涯中,学生也接触了一些吟咏泰山的诗词,甚至很多学生曾有过登泰山的经历,这些因素能够消除学生学习本篇课文的陌生感,为学生走进文本打开了经验通道。

教学过程

(一)出示目标,明确任务

师:五岳之首是泰山,我们在初中阶段学过一首描写泰山的古诗,杜甫的《望岳》,同学们还记得吗?我们来齐背一遍。

学生齐背。

师:可惜杜甫只是"望岳",而没有"登岳"。咱们当中有人登过泰山吗?你们是什么季节登泰山的?可能很少有人冬天登泰山。今天我们学习《登泰山记》,跟随作者登临冬天的泰山,去品味雪后登山的别样情趣。(板书课题,强调"巘"的写法)

师:这节课我们有以下几个学习目标。

(1)语言构建与运用。积累重要的文言实词、句式,了解古人纪日、纪时等文化常识,积累有关泰山的诗词名句。

(2)思维发展与提升。梳理作者的登山脉络,厘清作者描绘泰山日出图的时间顺序,理解课文在写景、叙事上的详略得当。

(3)审美鉴赏与创造。反复诵读,品味泰山夕照图与雪后日出图的雄奇之美,对精彩语段进行点评赏析,感受作者雪后登山的别样情趣。

(4)文化传承与理解。体悟作者雪后登泰山所体现出的崇高精神与人生境界,以泰山意象为切入点,激发对祖国山河及中华优秀传统文化的热爱。

设计意图:有效地导入能够激发学生的学习兴趣,使学生明确学习任务。学生通过回忆初中所学,激活已有认知。教师在此基础上出示本节课的教学目标,有助于学生快速进入学习状态。

（二）学案引领,自主探究

1. 文言知识学习

（1）给加点字注音。

汶水　济水　南麓　砌石为磴　循以入　徂徕　戊申晦　撑蒱　绛皓驳色　若偻　石罅

（2）解释加点词义。

① 泰山之阳,汶水西流;其阴,济水东流。

② 余始循以入,道少半,越中岭,复循西谷,遂至其巅。

③ 望晚日照城郭,汶水、徂徕如画,而半山居雾若带然。

④ 其远古刻尽漫失。

（3）翻译句子,要求字字对译,注意语序。

① 今所经中岭及山巅,崖限当道者,世皆谓之天门云。（a. 定语后置;b.“限”一词多义,“越长城之限”）

② 及既上,苍山负雪,明烛天南。（负:拟人手法;烛:词类活用）

（4）学生提出预习中不理解的字词知识,师生互动,共同解答。

2. 阅读文本,思考探究

（1）梳理作者登临泰山的行程路线,并简要概括登山路途的特点。

（2）描述作者登山后见到的景色,简要概括其特点。

设计意图:以“双导”中的问题导向为宗旨,让学生在自主阅读中梳理文章脉络,并自行领略作者在登山过程中的收获,既能达到生态型课堂的教学效果,又能使学生获得思维的发展与提升。

（三）展示点评,深入探究

1. 任务一:梳理登山路程

（1）从题目看,本文是一篇游记,记录了作者游览泰山的过程,那么作者登临泰山的路程是怎样的呢?

明确:京师—齐河—长清—泰山西北谷—长城之限—泰安—中谷—西谷—至其巅。

补充提问:哪个词表现作者是冬天登山？“乘风雪”的“乘”是什么意思？

明确:其实“乘”的本义是登上去,如乘车、乘船,又引申为顺应和趁着,如乘风破浪、乘虚而入、乘凉。在这里应该取顺应、趁着的含义,引申为“冒”。“乘”字表达了风雪天气也没有阻挡作者登山的决心,作者特别想感受冬日登山的景象的急迫感。

（2）请速读文本，思考登山路途有何特点。

明确：

① 路途遥远（四十五里，道皆砌石为磴，其级七千有余）。作者用两个数字表现登山路途遥远，语言简洁又准确。

② 路途艰险（道中迷雾冰滑，磴几不可登）。冬日登山，天冷路滑。"磴"指石级，几不可登，有可能是手脚并用。

③ 旅途漫长（是月丁未一望晚），登山一整天。（补充干支纪日法。十天干，十二地支，组合成六十对，可用来纪年，如"戊戌变法""辛丑条约"，也可用来纪月、纪日，本文是纪日。晦，农历月最后一天）

冬日雪后登山增加了登山的难度，延长了登山的时间，而这种"迷雾冰滑，磴几不可登"的登山体验，也是别的季节登山所不能体味的。

（板书：登山——道阻且长）

设计意图：教师通过补充提问进一步引导学生挖掘文本中的细节，引导学生弥补在自主探究过程中忽略的内容，概括登山特点可以让学生在跟随作者领略眼前美景的同时获得直觉思维与形象思维的提升。教师的引领是让"双导"课堂起到理想效果的关键，也是对生态型课堂进一步的补充。

2. **任务二：赏析登山所见**

（1）经过漫长而艰险的路程，傍晚时分，作者终于到达山顶，这时作者看到了什么？

明确：及既上，苍山负雪，明烛天南。望晚日照城郭，汶水、徂徕如画，而半山居雾若带然。（落日图）

追问：能用自己的语言描述一下这幅画面吗？你感觉这是一幅怎样的画面？应该怎么诵读？

明确：苍山与雪的色彩对比强烈，明烛天南表现了泰山的辽阔巍峨，这是雪后登山独有的景观。半山居雾若带然，表现了景色如仙境般静美，且静中有动，秀丽可爱。作者喜悦畅快（登高望远，往往有此感受，就如杜甫"荡胸生层云"）。

诵读指导：语调较高，语速放慢。教师读，学生读。

（2）这是作者傍晚时分见到的景象，那么第二天又见到了什么呢？

明确：第三段，日出图。

学生齐读第三段，体会作者按照时间变化顺序描写的层次感，圈出表现时间的词。

明确：五鼓（早上3点至5点，"三更灯火五更鸡，正是男儿读书时"），稍，须臾，日上。视角的变换，回视。

师:每个时间点的景色都是一幅画,这几幅画分别具有怎样的特点? 与同桌交流一下。

明确:

"五鼓"一句:突出风大,格外寒冷(语调激昂,重读"扬""击")。亭东突出云雾缭绕,朦胧(语调平缓,慢读"皆")。

"稍"一句:天色渐亮,群山若隐若现。判断句,"哦,原来是山啊",与"稍见云中白若摴蒱数十立者,山也"对比,随着光线渐亮,慢慢辨认出耸立的原来是山石(语速放慢,声音放低)。

"须臾"一句:变化迅速,令人眼花缭乱,应接不暇。离日出仅一步之遥,作者情绪逐渐激动(语速渐快)。

"日上"一句:正面描写,云蒸霞蔚,壮丽辽阔,心胸开阔,激动豪放(语调高昂,声音浑厚)。

"回视"一句:侧面描写,色彩缤纷。"皆若偻",像鞠躬,如"山高人为峰",孔子"登泰山而小天下",杜甫"会当凌绝顶,一览众山小"。又如姚鼐在诗中所言:"即今同立岱宗顶,岂复犹如世上人。"(语速放慢,深沉)

朗读第三段:自由读→个别读→诵读指导→教师大声读,学生轻声跟读。

面对此情此景,风雪再大,天气再寒冷,也不能冰冻作者一颗火热的心,一冷一热之间,也是雪后登山独有的体验。

不论是日落还是日出,都带给作者极致的美的享受,作者在泰山上欣赏了壮美而奇异的景色。

(板书:所见——洵美且异)

(3)除了日落、日出的两幅美景,作者还在第四段写到了泰山的人文景观,在第五段写到了对泰山的总体印象。第五段的自然景观描写与前两幅画面相比,写景的方法有何不同?

明确:关注"多""少""无"。一个细致,一个概括,将小细节与大印象结合,详略得当,体现作者写景叙事的独具匠心。尤其是第五段再次描写泰山雪景,与很多人印象中充满生机、风景优美的泰山也是不一样的。

设计意图:教师赏析登山所见,抓住关键字词让学生在诵读中感受和体会景物特点与人物情感,这是生态型课堂中让学生进行审美鉴赏与创造的关键一步。学生在诵读中能形成自己独特的审美情趣与鉴赏品位,从而逐渐掌握表现美、创造美的方法。

3.任务三:思考登山感悟

师:厘清了作者登山的艰难行程,欣赏了雪后泰山别样的风景后,你从作者这次雪中登泰山的经历中得到了什么启示?

学生畅所欲言(提示学生关注特殊的登山时间与"苍山负雪""无鸟兽音迹""雪与人膝齐"之景)。

示例:世上无难事,只要肯登攀;不走寻常路,才能有不寻常的收获;梅花香自苦寒来,超常的付出才会有别样的收获。(着重讲述付出与收获的关系)

王安石曾说:"非常之观,常在于险远,而人之所罕至焉,故非有志者不能至也。"毛泽东也说:"无限风光在险峰。"

(板书:感悟——风光在险)

设计意图:学生通过阅读与鉴赏、表达与交流、梳理与探究的语文学习活动,在语言、思维与审美等方面都获得了进一步的发展。以思考登山感悟为引导,进一步激发学生对语言文字的审美体验,使学生获得文化传承与理解能力的提升,树立正确的价值观、高雅的审美情趣和审美品位。

(四)课堂小结,总结升华

师:本节课,我们跟随姚鼐一起感受了路途的艰辛,也领略了泰山日出的雄浑壮丽,体味了雪后登山的别样情趣。可以说,想要看到洵美且异的美景,领略非同寻常的风光需要经过道阻且长的磨砺。希望同学们也能像姚鼐一样,投身自然,感悟自然,从而发现不一样的自然之美,收获精彩人生。

(五)当堂检测,布置作业

(1)熟读全文,并翻译重点句子。

(2)尝试背诵第三段。

(3)布置作业:泰山为五岳之尊,是中国古代重要的文化符号,登临赋诗者众多。请再搜集一些描写泰山的诗文,结合本文,探讨文人寄托在泰山的不同情思,探究其背后蕴含的文化意义。

数学生态型课堂教学案例

"指数函数"生态型课程案例

教学内容和学情分析

本节课选自人教 A 版高中数学必修一"指数函数"。指数函数是高中阶段基本初等函数中非常重要的一节,前面已经学习过函数的概念及性质,探讨了一次函数和二次函数,这节课的前一节还学习了实数指数幂的知识,都为这节课的学习打下了很好的基础。

这节课从指数函数的定义、性质、图象三个方面进行探究,引导学生得出指数函数的定义,进而从定义形式中研究函数性质,最后让学生自己动手画出函数图象。教学内容比较连贯自然,符合学生的认知规律,对高一学生来说,有前面几节课打好的基础,学习起来比较顺畅。

学习目标

了解指数函数模型的实际背景,了解指数函数是一类重要的函数模型;理解指数函数的单调性,掌握指数函数图象通过的特殊点,熟练掌握指数函数的概念、图象和性质并学会运用指数函数的图象和性质解决有关问题。

核心素养:数学抽象、数学运算、直观想象。

教学重难点

重点:掌握指数函数的概念、图象和性质并学会运用指数函数的图象和性质解决有关问题。

难点:理解指数函数的单调性。

教学过程

环节一:情境导入,明确目标(导)

师:学习这节课的内容之前,我们先来听一首儿歌。

(教师播放歌曲《蜗牛与黄鹂鸟》)

师:这首歌讲的是蜗牛与黄鹂鸟的故事。蜗牛为了采摘葡萄,每天都不遗余力地往上爬。由此我们提出这样一个问题:葡萄树的高度为1米,蜗牛要从葡萄树的底端爬到顶端,假设蜗牛每天走剩余距离的一半,每天行走的路程为 y ,行走的天数为 x ,那么, y 和 x 之间有什么关系式?

(教师由具体数字逐步引导学生回答,直至最终得出指数关系式,并板书在黑板一侧)

师:刚才我把蜗牛与黄鹂鸟的故事直接讲给了同学们听,现在咱们换一种讲故事的方式:在一分钟内,我把这个故事讲给一个同学听;在第二分钟内,该同学把故事讲给另外一个不知道的同学听;以此类推……那么,第 x 分钟后,有多少人知道这个故事?

(教师由具体数字逐步引导学生回答,直至最终得出指数关系式,并板书在黑板一侧)

设计意图:教师通过一首学生耳熟能详的儿歌引入课题,吸引学生的注意力。从生活实例出发,让学生在生活实例中发现问题,提高学习兴趣。随后设计的两个问题环环相扣,让学生通过对具体数字的分析,最后类比总结出两个指数函数关系式。这样由浅入深,符合学生的认知规律,便于学生理解。

环节二:学案引领,自主学习(学)

师:黑板右侧的这两个函数,就是这节课我们要研究的内容——指数函数(课件展示并在黑板上板书标题)。同学们观察一下,这两个函数关系式有什么共同特征?我们又该怎样定义这两种函数呢?

(教师提出开放型问题,学生自由回答,教师纠正并补充)

师:由此我们给出指数函数的定义:一般的,形如 $y=a^x$ ($a>0$ 且 $a\neq1$, $x\in R$)的函数叫作指数函数。

师:同学们想一下,我们为什么要规定 $a>0$ 且 $a\neq1$ 呢?

(教师从反面引导学生回答:若 $a\leq0$ 或 $a=1$ 会怎样?通过举例分析,得出正确答案)

师:我们来看这几个函数是不是指数函数。

(教师用课件展示问题,提问学生,最后师生一起总结得出指数函数的特征)

设计意图:教师引导学生观察指数函数的形式,总结出指数函数的定义,并根据指数函数的定义观察得出指数函数的特征。从具体到抽象,学生自己分析总结,能够更好地加深对指数函数定义的理解。

环节三：分组讨论，合作探究（议）

师：现在请同学们在导学案的坐标系（如图 5-1 所示）中画出两个指数函数（见表 5-1）的图象。

（教师留出时间，让学生通过列表、描点、作图的方法画出函数图象，并至少展示两个学生所画的图象）

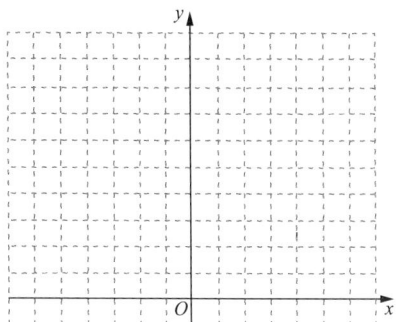

图 5-1　坐标系

表 5-1　指数函数

x	…	–3	–2	–1	0	1	2	3	…
$y=2^x$	…								…
$y=\left(\dfrac{1}{2}\right)^x$	…								…

师：同学们观察一下，这几个指数函数图象有什么特点？

（教师通过多媒体技术，给出多个指数函数图象，并通过分解、合成等方法引导学生得出答案）

师：通过指数函数图象，我们能得到指数函数的哪些性质呢？同学们小组合作，通过研究讨论完成导学案上的表格（见表 5-2）。

表 5-2　导学案上的表格

底　　数	$a>1$	$0<a<1$
图象（简图）		
定义域		
值　域		
过定点		

续表

底　数	$a>1$	$0<a<1$
奇偶性		
单调性		
规　律		

（教师提问学生，根据学生的回答，跟学生共同完成表格，最后通过数学软件验证）

设计意图：教师让学生自己动手画出指数函数的图象，引导学生主动参与，自主进行问题的分析和探究。教师让学生自己分析、推导、得出结论，可以培养学生归纳概括的能力。最后教师用数学软件对学生得出的结论进行验证，既提高了学生的学习兴趣，又帮助学生领悟了数学的基本思想，积累了数学的活动经验，发展了数学能力。

环节四：展示点评，总结升华（展）

师：我们来看这样一个例题。

例1 比较下列各题中两个值的大小。

（1）1.7^3，$1.7^{2.5}$；

（2）$0.8^{0.1}$，$0.8^{0.2}$；

（3）已知$\left(\frac{4}{7}\right)^a>\left(\frac{4}{7}\right)^b$，比较$a,b$的大小。

（教师用课件展示例题，提问学生，总结方法：对于同底的指数幂比较大小，可以根据指数函数的单调性比较。）

师：至此我们学完了这节课的全部内容，哪位同学来总结一下，你这节课都学到了哪些知识？又用到了哪些思想方法呢？

（教师提问学生，其他学生补充，最后总结升华）

设计意图：教师引导学生对所学知识、思想方法进行反思和总结，有利于学生理顺知识结构，掌握通性通法，提高归纳概括能力，同时使学生的知识更完整、更系统。

环节五：当堂检测，达成目标（测）

1. 下列以x为自变量的函数中，是指数函数的是（　　）。

A. $y=(-5)^x$　　B. $y=e^x(e\approx2.71828)$　　C. $y=-5^x$　　D. $y=\pi^{x+2}$

2. $y=a^{x-2}+3(a>0$且$a\neq1)$恒过定点_____。

3. 比较下列各题中两个值的大小:

(1) $3.1^{0.5}$, $3.1^{2.3}$;　　　　　　　　(2) $\left(\dfrac{2}{3}\right)^{-0.3}$, $\left(\dfrac{2}{3}\right)^{-0.24}$。

4. 已知 $y=f(x)$ 是指数函数,且 $f(2)=4$,求函数 $y=f(x)$ 的解析式。

5. 若函数 $y=(a^2-3a+3)a^x$ 是指数函数,求 a 的值。

6. 若函数 $y=(p^2-1)^x$ 在 $(-\infty,+\infty)$ 上是增函数,则实数 p 的取值范围是( )。

A. $|p|>1$　　　　B. $|p|<\sqrt{2}$　　　　C. $|p|>\sqrt{2}$　　　　D. $1<|p|<\sqrt{2}$

7. 对于指数函数 $y=a^x(a>0, a\neq1, x<\mathbf{R})$:

(1) 若 $a>1$,那么当 $x<0$ 时,y 的范围如何? $x>0$ 时呢?

(2) 若 $0<a<1$,那么当 $x<0$ 时,y 的范围如何? $x>0$ 时呢?

作业:

必做题:课本 91 页 A 组第 1,2 题。

选做题:课本 91 页 B 组第 2,3 题。

设计意图:教师通过检测题检验本节课学生学习的效果,巩固本节课所学的重难点内容,了解学生的掌握情况。有弹性地布置作业,必做题要求全部学生完成;选做题鼓励学有余力的学生去积极探索,发挥其探索创造能力。

教学反思

这节课以《蜗牛与黄鹂鸟》的儿歌引入,内容新颖,能吸引学生的注意力,引出指数函数的定义,衔接合理,符合学生的认知,同时也让学生感受到生活中处处都有数学现象,要勤于思考和发现。因此,这部分内容让学生自学,培养了学生自主学习的能力。学生在探究讨论的过程中体会到了知识的生成过程,体现了"双导"教学模式中"以学生为中心"的原则,突出了学生的主体性,有利于学生在积极探索的过程中发挥自己的主观能动性。当堂检测和课后作业充分考虑到了学生的个性差异和认知水平的高低,分为必做题、选做题和课后思考题三个层次,让各个层次的学生都能有所收获。

英语生态型课堂教学案例

"英语讲评课"生态型课例

学情分析

试卷讲评课是英语教学的有机组成部分和重要环节,是学期末及毕业班教学的主要课型之一,尤其是在复习冲刺阶段,更显出它的重要性。讲评课的主要功能是纠正学生在答题过程中暴露的问题,使学生能够进一步理解知识、熟练掌握技能,并以此激发学生的求知欲望,完善知识体系,提高学生分析问题和解决问题的能力。

然而长期以来,由于时间紧,任务重,试卷讲评课仍以传统教学模式为主。课堂上,教师析错题,讲思路,展方法,讲得眉飞色舞;而学生听得云山雾绕,混混沌沌。这样的教学不但不利于调动学生学习的积极性,而且忽视了学生的学习过程和情感体验。

新课程标准强调要以学生为中心,尊重学生的发展规律,从学生的学情出发,不断培养学生的学科核心素养。学校在新课程标准的指引下,积极探索,逐步形成了符合学生发展规律的生态型课堂教学模式。

为了提高课堂效率,调动学生的主动性,培养学生自主构建知识的能力,英语组在学校生态型教学模式的引领下,积极探索,逐步形成了适合学校学情的,学生讲评与教师点评相结合的英语讲评课教学模式。其具体环节如下:答题反馈,明确目标;自我纠查,分析错因;讨论交流,释疑解难;展示质疑,拓展升华;总结反思,诊疗检测。

下面以高二期中考试英语试卷讲评课为例介绍生态型课堂教学模式的操作步骤。

教学过程

环节一:答题反馈,明确目标

(一)答题情况反馈

本次考试内容以英语必修五第四、第五单元和选修六第一单元为主,重点考查学生应该掌握的英语基础知识和基本能力,旨在夯实学生的基础,注重阶段内知识的考查。具体题型分析如下:

(1)听力。本次期中考试英语听力试题学生出错较多,相比以前听到关键信息就选择来说难度加大,需要学生推理判断的题目增加。学生对于数字题不够敏感,不能准确地进行换算。如 1.5 million 与 55 thousand,3 years ago 与 36 months ago 等。

(2)阅读。此次阅读题的话题选择贴合所学三个单元的主题,学生比较熟悉,题目总体难度不大。但由于题目的难易顺序被打乱,学生做第一篇就出现了难题,影响了做题的信心,导致丢分。

(3)七选五。七选五的五个题目以考查段中句和段尾句为主,话题是关于烫伤的急救措施,学生出错率低。

(4)完形填空。本部分主要考查动词、形容词、副词。出错原因是学生理解原文时出现偏差,对个别词的用法掌握不牢,仅从汉语角度去分析选择。

(5)英语知识运用。本部分重点考查所学三个单元的重点词汇的灵活运用。学生得分率较低,反映出学生对重点词汇掌握不牢,不能在语境中快速想出所学单词。

(6)语法填空。有几个题目考查了必修五前三个单元的知识,学生得分率低,反映出学生对前面所学知识不注重复习。

(7)书面表达。本部分融合了两年的高考题和选修六第一单元的话题。学生的语言比以前有了进步,但仍有很多句式结构混乱、词不搭句、缺乏条理的问题。

(二)成绩反馈

试卷满分 150 分,全班平均分为 91.86 分,最高分 121.5 分,最低分 61 分,有10 人 110 分以上,20 人 100 分以上,及格人数为 34 人。

(三)学习目标及教学重点

学习目标:

(1)理解文章内容,基于文本,理清问题,掌握答题技巧。

（2）提高团队合作意识和自我总结能力。

（3）梳理相关语言知识，查缺补漏。

教学重点：提高学生自主解决问题的能力，提高学生的答题技巧。

设计意图：教师通过试题分析与答题情况分析使学生明确自己答题中出现的问题，进一步明确本节课的学习目标。学生明确了自身答题中出现的问题，才能够提高听课的针对性，这符合学生的认知规律。

环节二：自我纠查，分析错因

（1）校对答案。教师让学生自主对照答案，分析文本，反思答题出错的原因，并对出现的问题进行反思和归类。

（2）记录困惑。学生自己通过查阅工具书、词典等消除生词障碍，标记文中的长难句以及不理解的句子，记录自己阅读中的困惑。

（学生自学，教师巡视，收集学生的难题）

设计意图：学生通过查阅工具书、分析错因等自主解决一部分问题，不断提高分析问题、解决问题的能力。学生通过自主探究解决问题，能充分发挥主动性和积极性，体现主体地位。这是学生生态发展的需要。

环节三：讨论交流，释疑解难

学生分小组讨论试题中出现的疑难，同学之间通过相互交流解决一部分难题。学习困难的学生可以主动向学习优秀的学生请教，学习优秀的学生要积极帮助待优生分析解答疑难点。小组讨论交流后，仍不能解决的问题做好标记。教师在学生讨论过程中要不断巡视，并积极参与小组讨论，引发学生积极的思考。

如三组学生在讨论阅读理解 A 篇时，某学生对第一题有困惑，三组组长帮其分析本题的题目要求、题型特点。本题为短语理解题，需要结合短语本身的意思以及上下文来进行推断，a bigger name，字面意思是名声更大。从原文第一句话可以看出，人们对 Kahlo 的评价很高；然而我们可以从第二句 "…bigger name today than she was during her time."推断出，今天她享有很大的名声，而过去在她生活的时代则不是。由此可以得出答案为 D。同时，三组学生在讨论 A 篇时，普遍认为第 24 题答案模糊，因此统一标记它为难题。

设计意图：通过合作交流，提高学生的语言表达能力，培养学生的合作精神。学生的合作学习、讨论质疑能够进一步提升他们分析问题、解决问题的能力。

环节四：展示质疑，拓展升华

经过小组讨论后，各小组仍有一部分题没能达成共识，这时我们组织学生进行展示质疑。教师在巡视过程中对疑难问题进行收集，结合各小组的疑难点，对问题进行分组展示。

展示一：

Group 1　展示 A 篇第 24 题，即作者的观点态度题。根据最后一段内容可以看出作者是同情 Kahlo 的。

T: Can you pick out the words that can convey the author's attitude?

S: Unfortunately.

T: Any more?

S: Her works did not attract much attention…her first one-woman show in Mexico was not held until 1953. Kahlo's works remained largely unnoticed by the world…

T: Excellent. These sentences tell us that even though her works were excellent, they didn't cause much attention, which was a pity. So the author showed his sympathy for Kahlo.

Group 2　展示 C 篇第 31 题："What was Jeanne Goldberge's attitude to the lunchboxes inspected?"

S: 信息句是第六段、第七段和第八段的内容。

T: What important words can prove your idea?

S: Parents have to consider the cost and convenience of lunch foods as well as what their children will actually eat. "Unfortunately, these factors are not always in harmony with good nutrition," she said.

S: From these sentences we can know that the parents have considered the cost and convenience of lunch foods, and they also have considered what their children really eat. However, they haven't considered the nutrition factor. Therefore, Jeanne Goldbery was not satisfied with the lunch boxes.

T: Excellent. When we decide what attitude the author has，we should first pick out the informative sentences and then pay attention to some special words. After analyzing the sentences and words, we can draw a conclusion. Next I'll show the techniques of solving these problems.

Group 3　展示阅读 B 篇第 25 题。

S: 此题是问文章以两个问题开始, 目的是什么。第一段的两个问题主要讨论的是, 网络导致人们记忆的东西变少, 既然网络能储存信息, 我们又为什么要储存在个人的记忆中呢? 由此引出本文的主旨: 网络是否在改变我们的记忆内容和记忆方式。由此可见, 这两个问题是为了引出文章讨论的主题。

T: Excellent! Next, I'll summarize the techniques of solving these problems.

T: 作者的观点、态度是指作者对陈述的内容是赞同、反对还是犹豫不定, 对记叙或描写的人、物或事件等是赞颂、同情、冷漠还是厌恶、憎恨。作者的这种思想倾向和感情色彩往往隐含在文章的字里行间, 或流露于修饰的词语之中。因此, 在推断过程中, 应特别注意文中作者的措辞, 尤其是表达感情色彩的形容词。

解题时应注意:

(1) 抓住文章和选题中反映态度、语气的关键词, 特别是其中的形容词和副词, 分清褒贬。

(2) 利用概括归纳题与主旨大意题的解题技巧, 准确把握文章的中心思想与段落结构。

(3) 务必忠实于原文, 切忌将自己的观点强加于作者。

展示二:

Group 4　展示完形填空的第 41, 44, 45, 51 题。

S: 41. She heard that the former teacher had _____ suddenly, but the headmaster didn't tell her why. 根据语境可以知道, 她听说原来的老师走了, 但校长没有告诉她为什么。left, 离开; dismissed, dismiss, 解雇; disappeared, 消失, 不见; stopped, 停止。

T: Good job, "dismiss" is a transitive verb, therefore, it's not suitable here. Go on!

S: First day, she walked into the classroom, spitballs _____ through the air, feet on desks, the noise deafening. 根据语境可知, 老师第一天走进教室, 教室中一片混乱, 纸团乱飞, 有的学生站到桌子上, 噪声震耳欲聋。由此可见 fly 合适。

T: As I know, many students chose "throwing". Can you tell me the difference between them?

S: throw, 扔; fly, 飞。

T: In fact, we also should pay attention to their part of speech. "throw" is a transitive verb, it should be followed by object. While "fly" is an intransitive verb, so "spitballs fly" is a correct expression. Ok, go on!

S: She walked to the front of the classroom and _____ the attendance book. 根据语境可知, 此处表达她走进教室, 打开点名册。unfolded, 打开; closed, 关上;

checked,核对;found,发现。

T: Some students chose "checked", so can you tell us the difference between them?

S: Sorry, I can't.

T: Any one can help him?

S: "Check" means making sure that something is correct, safe, satisfactory or in good condition. While "unfold" means open or spread out from a folded state.

T: Brilliant. When it's difficult to decide which word is better, we can use the English meaning to distinguish them. Ok, go on!

S: With your IQ, I _____ nothing short of the best work from you. suppose,推想,猜想;expect,期望;imagine,想象;suggest,建议。根据语境可以知道,这句话是说"以你们的智商,我除了期望你们学习出色之外,别无所求"。

T: Good job. Just now, we explained four problems. They are all about verbs. They are frequently examined and students often make mistakes in these problems. Next let's summarize the techniques for these problems.

设计意图:学生通过展示、质疑、补充,能够相互学习,不断提升分析问题、解决问题的能力,发展自身的学科核心素养。

五、总结反思,诊断检测

T: Next, I'll give you 10 minutes to summarize and correct your own mistakes and take notes of the important words and phrases.

…

Now, let's have a small quiz:

By 2050, humans may need to clear an additional 3.35 million square kilometers of land for agriculture, 1._____ would squeeze more than 17,000 animal species from some of their lands.

Luckily, the impacts can be minimized, says conservation scientist David Williams of the University of Leeds. "We can feed the planet 2._____ messing it up too badly."

To figure out 3._____, Williams and colleagues first identified habitats most likely 4._____ (clear) for cropland. The team then calculated 5._____ amount of food needed to sustain(维持)projected human population growth for 152 countries and 6._____(map)where crops would likely be grown in each. By 2050, the world's

cropland would need to increase by 26 percent, the team found. The growth is 7._____
(large) concentrated in sub-Saharan Africa, South and Southeast Asia.

Changing the global food system could nearly erase these biodiversity 8._____
(loss). We can improve crop yields, transition to more plant-based diets, or increase
food imports for countries where agricultural 9._____ (expand) threatens the most
species. The world needs to feed a 10._____ (grow) population, but it can be done
more sustainably.

设计意图：通过总结归纳,明确解题策略;通过达标检测,了解学生对问题的掌握情况,从而为下一步教学提供指导。总结归纳及达标检测能检验学生的学习效果,进一步提升学生对自己学习情况的了解,从而为学生的生态发展提供指导。

教学反思

通过本节试卷讲评课,笔者发现"问题引领,学案导学"的生态型教学模式的试卷讲评课能极大地调动学生学习的自觉性和主动性,使学生变被动接受为主动思考。学生在自主学习、合作交流中能明确自己答题中出现的问题,归纳总结解题策略,提高解题准确率。此外,通过小组合作学习,相互帮助,学生能有效促进合作学习精神的培养。而对于学生普遍不理解的难点,教师及时点评,对解题方法进行总结提炼,能起到画龙点睛的作用,对于学生积累语言素材、提高答题技巧具有举足轻重的作用。

物理生态型课堂教学案例

基于信息化教学构建生态型课堂

—— "功能关系"复习课教学案例

教材分析

通过初中和高中对物理学基础内容的学习,学生已经在一定程度上了解了有关功能关系的知识,并不同程度地掌握了一些分析和解决功能关系问题的方法。前面我们已经复习了曲线运动、圆周运动和天体运动。在此基础上,通过本章复习,我们建构力与运动的过程中能量是如何通过做功发生转化的,从而将功和能、力和运动的知识联系起来,形成知识链,也对整个必修一和必修二的理论知识进行系统的归纳。

学情分析

教学设计面对的教学对象是高二年级准备参加等级考的学生,学生总体上知识掌握得扎实,学习积极性高,科学思维素养好。学生已经掌握的概念主要有匀变速直线运动、曲线运动、圆周运动、天体运动,并对力学的各种性质和基本规律都有了一定的认识,已经知道了做功、动能、势能的内容,具备了应用动能定理和机械能守恒定律解释现象、解决问题的初步能力。但是经过新课的学习,学生依然存在功能概念模糊不清、做功计算有困难、运用动能定理和机械能守恒定律生疏等问题,这些问题严重制约着学生对物理过程的分析,导致学生处理物理问题相对肤浅。本章节涉及的科学方法有物理建模等,学生对此已经初步掌握,但还不能熟练应用。

设计背景

我们以现代化教育装备为载体打造生态型课堂,生态型课堂是学生积极学习、主动学习的课堂。它以学生为主体,开展健康并富有活力的学习活动。学生通过独立思考与合作交流,营造积极向上、相互尊重的学习氛围,创造自由、主动、全面、可持续发展的学习空间。本文以"功能关系"复习课为例,把信息化教育装备和小组合作探究作为每个知识点的背景。结合学生的现有知识水平,教师逐步引导突破重难点。教师利用多媒体进行教学,使学生在轻松的学习氛围中获取知识,增加自信;通过小组协作讨论,培养学生的合作探究精神,从而建立高效的生态型课堂。

学习目标

结合对教材内容的分析并根据《普通高中物理课程标准(2017 年版 2020 年修订)》和《中国高考评价体系》制定以下学习目标。

(1)物理观念。学生通过本节课的学习,进一步加深对"功和能""力和运动"的认识,将之前所学的零散的、片段的知识条理化、系统化,建构知识体系,理解概念间的联系,促进概念进阶的发生,培养综合分析能力。

(2)科学思维。学生学习并尝试建构物理知识体系、知识内在联系的方法——概念图法。在建构知识体系的过程中,体会科学事物的本质属性、内在规律及事物之间的相互关系,掌握研究和解决问题的方法,发展科学思维。

(3)科学探究。通过师生之间、生生之间多向互动,学生经历提出问题、分析讨论、独立思考、合作交流、解释现象、解决问题的学习过程,发展科学探究的素养。

(4)科学态度与责任。学生在建构物理知识体系的过程中,体会物理知识内在的一致性、和谐性,增强好奇心和求知欲,激发探究世界的兴趣。

教学重难点

重点:建构做功与能量转化之间的内在逻辑关系。教师帮助学生认识、建构力对物体做功与能量转化之间的逻辑关系,是促进学生对功能关系的整体认识和理解运用的重要载体,可以内化、迁移为学生认识物质世界的思维方式。这是学生之前学习中未曾涉及的区域,也是教学过程中容易忽略的地方。

难点:理解重力做功和重力势能变化的关系,学会动能定理的运用以及对整体运用动能定理的方法,掌握物体机械能守恒的条件以及运用。

教学过程

环节一:情境导入,明确目标(导)

学生通过 PPT 观看新闻视频——2020 年中国南海某军区展开夺岛军事演习,海军官兵奋不顾身跳伞登陆的实战画面。

教师用 PPT 呈现:海军官兵在跳伞过程中的图片(如图 5-2 所示)。

设计意图:视频导入能激发学生的学习兴趣,同时使学生从实际生活出发,把抽象的理论形象化,便于学生接受。

环节二:自主学习,解决问题(学)

活动一:让学生就图片所示情景,从运动学和功能关系的角度分析问题,先独立思考,再小组讨论交流。

设计意图:从教育生态的角度来看,每位学生都是一个需要塑造的灵魂,是一个完整的人。

图 5-2　海军官兵跳伞运动

学生是课堂的主人,同时也是学习的主体。课程开始,教师以多媒体形式展示海军军事演习的场景,牢牢抓住学生的注意力,激发学生的学习兴趣,同时无痕地开展学科德育,培养学生的爱国精神和家国情怀,增强学生的民族荣誉感和自豪感,进一步提升学生的精神高度,使其树立正确的价值观。在提问过程中,教师引导学生将实际情景通过建模转化为物理问题,培养学生的科学思维。在分析问题的过程中,教师要深化学生对运动学、力学相关知识的运用,同时进一步引导学生探究物体运动过程中的能量变化和功能关系转化,使学生在交流探讨、倾听思考的过程中,发展自身认知,增强独立思考和团队协作意识。

活动二:学生对上述运动过程中跳伞运动员的运动性质和能量变化进行分组讨论,阐明观点,达成共识。

设计意图:学生在讨论过程中,通过相互辩驳和知识纠偏,进一步深化前期所学的运动学知识和功能关系知识,为后期的复习做好理论支持。同时,学生通过自主合作探究,使学习的自主性得到充分发挥。教师坚持学生学习的主体性原则,不仅有利于提高学生的学习兴趣,还可以培养学生的独立思考与合作探究能力,从多方面培养学生的学习能力。

环节三:典题导练,点拨讨论(议)

活动三:就学生提出的问题,进一步引导学生进行解答和学习。

设计意图:各小组通过讨论,得出结论,并取得共识。教师通过对运动过程的深入剖析,引导学生深化概念,引发认知冲突。学生在概念比较和建构关联中发展认知、建构新知。这充分体现了生态型课堂以学生为主体的原则。

问题 1:在运动员跳伞后但还未打开降落伞的过程中,运动员做什么运动? 什么力做功?

学生积极独立思考,将实际问题建模转化为具体物理问题。把人抽象成质点,忽略空气阻力,运动员将做自由落体运动,其间重力做功。教师引导学生回顾力做功的计算方法和重力做功的特点。

设计意图:通过对这个问题的探讨,学生经历了物理建模的过程,强化了对"质点""自由落体运动"理想模型的理解,同时也巩固了"做功的计算方法""重力做功的特点"等基本知识。这样可以发展学生思维的严谨性,使学生注重生态型课堂分析问题与复习回顾相统一的原则。

问题2:在运动员打开降落伞以后,做什么运动呢?什么力做功?

学生通过确定研究对象,分析运动员受力情况,从而得出运动员所受的合外力,继而分析运动性质,判定力做功的情况。

设计意图:教师根据实际问题由浅入深,层层设计问题,引导学生复习、回顾所学力学、功、能的知识,从受力不平衡的角度入手分析物体的能量变化,为后面动能定理和机械能守恒定律的复习奠定基础。

环节四:变式引导,总结反思(展)

问题3:打开降落伞以后,运动员速度减小,我们可以用什么方法计算运动员动能的变化量?

教师引导学生首先进行独立思考,运用所学功能关系相关理论分析解决问题的方法;然后学生小组内讨论交流,通过自主探究,发现解决问题的最佳思路;最后教师请小组代表总结发言。

教师运用希沃授课助手组织学生对发言同学的观点进行投票,了解学生的整体认知情况。

师生通过分析得出,可以运用动能定理计算运动员动能的变化量:首先确认物体动能的变化量等于合外力对物体做的功;进而计算出重力做的功和空气阻力做的功,计算出合外力做的功;最后得出运动员动能的变化量。

设计意图:教师充分运用循序渐进的教学原则,对问题情境进一步深入剖析,提出相关能量问题;引导学生运用化归思想,利用之前所学习的动能定理,将问题转化为已学知识,达到复习动能定理的目的。

问题4:打开降落伞以后,运动员的机械能又如何变化呢?

师生通过分析得出:运动员的速度变小,由动能表达式可知动能变小;运动员的高度下降,由势能表达式可知势能减小,从而得出物体机械能变小。

设计意图:深化学生对机械能概念的理解,并进一步分析物体的机械能如何变化,以及机械能变化的原因。

问题5:运动员减少的机械能,我们应该如何计算呢?

师:同学们,根据我们以前的学习,机械能守恒的条件是什么呢?

生:在只有重力和弹力做功的情况下,物体的机械能守恒。

师:回答得很好,那么物体机械能变化的原因又是什么呢?

生:除重力和弹力以外,还有其他的力对物体做功。

师:同学们对知识掌握得都很扎实,那我们应该如何计算物体机械能的变化量呢?

教师引导学生复习功和能的关系,了解做功的过程是能量转化的过程,做了多少功就有多少能量发生转化,做功是能量转化的量度,从而得出结论。

师生通过分析运动过程可得,物体机械能的变化量等于除重力和弹力以外,其他力对物体做的功。

设计意图:教师逐步提高所设问题的难度,积极创设学生学习的最近发展区,让学生在已掌握内容的基础上进一步发散思维,增加对功和能关系的理解深度,从而达到层层推进、发散思维、全面复习的效果。

环节五:拓展提高,总结反思(拓)

(1)学生分小组讨论本章内容有哪些重要的物理概念,并做好整理。

(2)学生根据对这些概念的理解试着构建各重要概念间的知识结构图,并用图示法画出来,然后通过讨论交流加以完善。

教师引导学生通过讨论画出核心概念间的关系,尤其是功和能之间的关系(如图5-3所示)。然后学生尝试画出重要概念间的横纵关系——概念图。

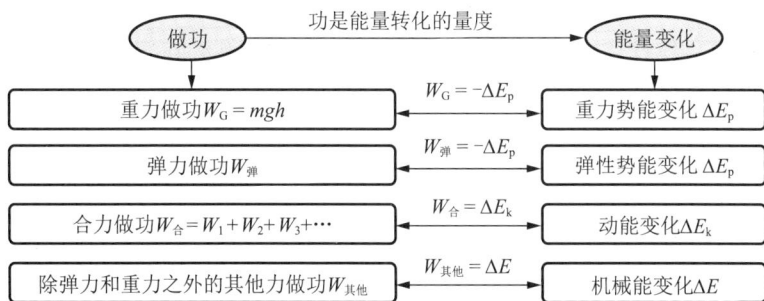

图 5-3 功和能之间的关系

设计意图:教师在教学过程中设置问题和育人目标应遵循生态发展规律。该环节中从基础概念的复习到基本概念的运用,再到多个概念之间内在的联系和转化,逐步加深学生的思维含量,在生态规律的基础上实现知识的深度学习。学生通过概念图厘清概念间的关系,整体建构知识体系,解决难点。

总结:通过这节课的学习,你对"功""能""力"及其之间的联系有了哪些新的认识？有哪些新的收获？

作业：每人发一张白纸，画出本章内容整体的概念图。

设计意图：通过小结与作业，学生进一步思考与交流，形成对本章内容的认知整合，建构完整的功能关系知识体系。

教学反思

功能关系问题是高中物理的重难点之一。教学过程中，教师利用多媒体教学装备创设军事演习实战跳伞情境，以实际问题建构物理模型，并始终围绕这一模型，基于学生对物体运动情况的自主分析，引导学生思考物体能量的变化和力对物体做功的关系，并对所创设的问题进一步深入挖掘，提升学生对功能关系的理解深度。在教学中，教师利用小组讨论的教学方式，提高学生的参与度和主动性，促使学生站在更高的层面上审视规律，建构"功""能""力"的关联，促进了认知难点问题的解决。

教师利用希沃授课平台及时了解学生对知识的整体掌握情况，不仅达到了教学评价的目的，还增加了课堂的趣味性，激发了学生的兴趣，使其集中注意力于知识的形成。所有学生参与其中，达到了促进学生主动合作和探究学习的生态型课堂目的。

教师利用概念图引导学生从一定高度审视所学知识，高屋建瓴，以思维可视化的形式呈现概念，能够把抽象的思维具象化。教师在总结和提炼的过程中，使学生充分感知知识点之间的内在联系，达到认知整合的效果。

教师通过改变理念，调整课堂组织方式和学生活动方式，激发了学生的学习兴趣，学生的主体性得以更好地体现。这正是遵循"因材施教"原则，进行"分层教学"，促进每个学生发展的真谛。我们只有不断改变、完善教学理念，在复习教学中为分不唯分，从学生的核心素养、终身发展的角度出发，不断激发、点燃学生的思维火花，才能不断提升教学效果与效益，潜移默化地发展学生的物理学科核心素养，真正落实生态型育人目标。

化学生态型课堂教学案例

构建认知模型,发展生态教育

"化学反应能量转化的重要应用——化学电池"教学设计

设计背景

生态型课堂是以学生为主体,兼顾学生的共性与个性发展,通过现代化教学手段,实现教学与学生发展真正统一的课堂。生态型教育强调民主的生活方式与科学的思想方法。民主的生活方式即教育教学过程中,要体现教师与学生的民主、平等、和谐,教师为主导,学生为主体,在满足学生好奇、好学的基础上,也要满足他们好动、好胜的心理需求。所谓科学的思想方法,一方面强调自主与合作,另一方面着重突出探究与思考。生态型课堂并不是传统的满堂灌,而是要根据学生已有的理论基础,制定切实可行的方案,引导学生自主探究与思考,进行课堂的适当延伸,真正做到可持续发展。

《普通高中课程方案和课程标准(2017 年版)解析与教学指导》着重突出发展学生的核心素养,强调每一个学生的健康成长,尊重学生,努力适应学生的个性化发展。作为一线人民教师,我们更应该把"生态型课堂""生态育人"等基本理念学以致用。

教材分析

2019 年鲁科版高中化学必修二的编写,以学科素养为导向,以学科大概念为统领,着重发展学生的"宏观辨识与微观探析""变化观念与平衡思想""证据推理与模型认知""科学探究与创新精神""科学态度与社会责任"等核心素养。第 2 章《化学键 化学反应规律》将学生对化学反应的认识方式从宏观转变到微观,从静态转变到动态。第 2 节《化学反应与能量转化》围绕着化学反应中的能量变化,通过具体实例,引导学生认识化学反应中能量变化的具体形式——化学能与热能、电能的相互转化。本节课是第二章第二节的第二课时,以氧化还原反应为核心基础,通过对本节课原电池认知模型的构建过程,引导学生体会模型对掌握化学核心知识的重要作用。编写人员将这部分内容安排在化学反应与能量转化之后、化学反应速率之前,具有承上启下的作用——利用已学过的氧化还原反应以及能量之间的相互转换这一知识点对化学能转变为电能进行解释,也为后面研究如何更有效地利用化学反应和探究化学反应速率打下基础。本节课的内容让学生真正身临其境,还原生活情境,使学生体会到"教育即生活"的真谛,展现了生态教育中"自然和谐"的原则。

设计思路

本节课从实验入手,教师通过演示实验以及问题引领,引导学生逐步构建原电池的认知模型;然后学生动手设计原电池,交流思路与实施情况,再次回扣原电池的认知模型。这样编排,由实践到理论,再由理论到实践,符合学生的认知规律;以学生为主体,提高了学生的合作与探究能力;既发展了学生的共性,也兼顾了他们的个性化发展,将课堂还给学生,让课堂有效、有趣,真正做到了生态型课堂。

学科核心素养目标

《普通高中化学课程标准(2017 年版 2020 年修订)》关于"化学能与电能"的要求较 2003 年版的课程标准有所提升,具体如下:以原电池为例认识化学能可以转化为电能,从氧化还原反应的角度初步认识原电池的工作原理。因此,本节课制定了如下核心素养目标:

(1)通过对氢氧燃料电池、铜锌原电池的分析,构建原电池的认知模型,发展"证据推理与模型认知"化学学科核心素养。

(2)通过"设计一个简单的原电池""初识氢氧燃料电池"等项目,认识到原电池能将化学能转化为电能,能从能量角度认识原电池,发展"变化观念与平衡思想"化学学科核心素养。

(3)能根据原电池的构成模型设计简单的原电池,锻炼动手能力,发展"科学探究与创新意识"化学学科核心素养。

(4)通过自制电池、研制新型电池等项目,认识到化学对生产、生活的重大贡献,从而对化学产生兴趣,提高学习化学的积极性,发展"科学态度与社会责任"化学学科核心素养。

教育装备支撑

仪器:自制氢氧燃料电池、小灯泡、导线、烧杯、电流表。

试剂:锌片、铜片、石墨棒、稀硫酸、稀盐酸、烧杯。

其他:多媒体一体机、希沃授课助手、Office 软件。

如图 5-4 所示为电解池(a)和氢氧燃料电池(b)。

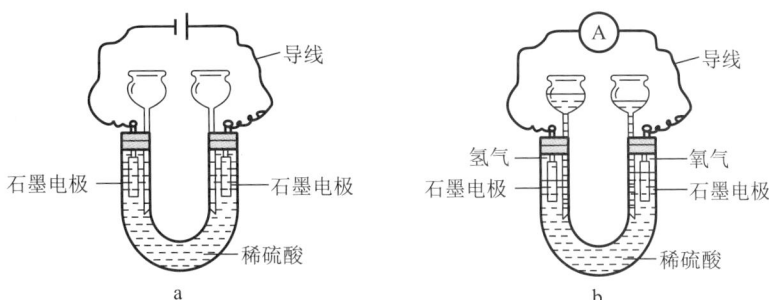

图 5-4 电解池和氢氧燃料电池

教学过程

环节一:创设情境,导入新课(导)

教师展示手机的图片(如图 5-5 所示),询问学生:"手机没电了该怎么办呢?如果身边没有充电器,我们可不可以自制一个充电器呢?"

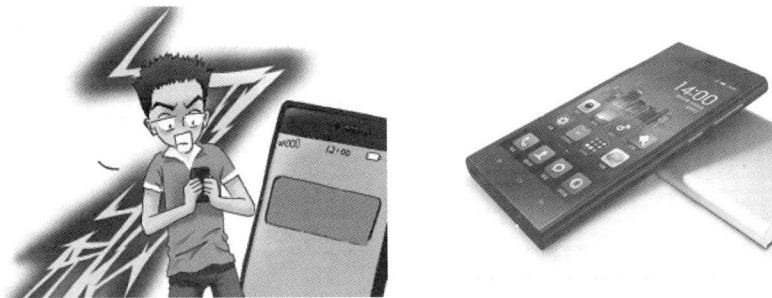

图 5-5 手机

设计意图:通过生活中最常见的场景,引起学生兴趣,引发学生独立思考,使学生明确化学学科的实用性。课堂是师生活动的生态环境,课堂教学的任务之一就是满足学生好奇、娱乐的心理需求,使学生处于一种认知的活跃状态,以积极、愉悦的心态来汲取新知识。

环节二:问题导向,学案导学(学)

教师展示众多电池的图片,引导学生回顾已有的关于电池的知识:电池由正负极构成,电流由正极流向负极,电子由负极流向正极,电子的定向移动形成了电流。教师通过演示自制的氢氧燃料电池(如图 5-6 所示),提问学生:灯泡亮了可以说明什么问题？引导学生回答：原电池可以将化学能转变为电能。这样可以引导学生思考：化学能是如何转变为电能的？教师通过演示与小灯泡两极相连的位置，引导学生明确原电池正负极的位置，再根据电子的流向，询问学生：电子从何而来？学生猜想是负极上的氢气发生氧化反应失去电子，电子顺着导线进入正极后，与正极上的氧气发生还原反应，从而生成了水。教师再引导学生将两极的方程式相加，便会得到一个完整的氧化还原反应的方程式。在这个过程中，教师引导学生明确原电池的构成要素：正负极、氧化还原反应。教师继续提问：石墨棒、导线、稀盐酸在这个装置中的作用是什么？引导学生明确原电池的构成要素之一——闭合电路。

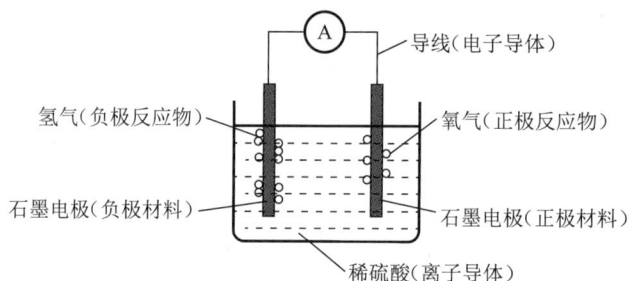

图 5-6　自制的氢氧燃料电池

教师播放氢氧燃料电池工作原理的动画演示，让学生总结出原电池的构成要素——氧化还原反应、电极反应物、电极材料、离子导体、电子导体。

设计意图：教师以驱动型问题为明线，引导学生独立思考，逐步分析电池的基本构成，明确原电池各部分的作用，通过动画演示总结出原电池的构成要素，初步建立起原电池的认知模型。在这个过程中，教师远离了"填鸭式"教学，从全权代理的灌输者变成了课堂的设计者与促进者，实现了探究性学习，让学生在探究的过程中得到了知识与心理上的双重满足。这与生态型教学中"科学的思想方法"不谋而合，使生态型课堂得到了一个很好的诠释。

环节三：分组讨论，合作探究（议）

教师引导学生依据教材 51 页"活动•探究"以及 52 页"方法引导"，以小组探究的方式设计一个简单的原电池（见表 5-3 和图 5-7）。首先小组讨论设计思路，进行组内交流，在两个层面上进行讨论：

（1）描述事实。正负极的选择、电流的方向、电子的流向。

（2）比较层面。在不同的原电池中，为什么有的材料相同，有的不相同？

表 5-3　原电池设计思路及依据

设计思路及依据		实验装置	实验现象
氧化还原反应：$Zn + 2H^+ \!=\!\!= Zn^{2+} + H_2\uparrow$			
确定负极	选择负极反应物：		
	选择负极材料：		
确定正极	选择正极反应物：		
	选择正极材料：		
构成闭合回路	选择离子导体：		
	选择电子导体：		

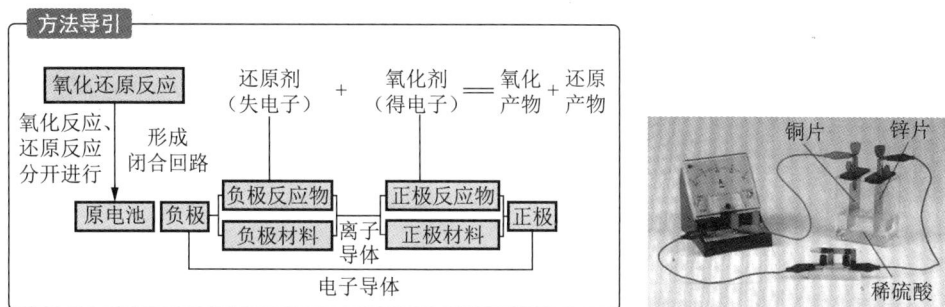

图 5-7　设计原电池的基本思路

设计意图：在本环节中，学生根据原电池的认知模型自主设计实验、发现问题、讨论解决实际问题，在激发学习兴趣的同时，完成了教学的基本任务。在这个过程中，学生加深了对电池原理的理解，提升了自主解决实际问题的能力，满足了体验式的学习模式。这种教学方法从学生个体发展的需要出发，符合学生的心理认知和成长规律。在整个学习过程中，教师通过指导、创设情境，提供信息资料、工具和情感交流等多种途径，使学生在不断的体验中获得知识，发展能力。

环节四：展示交流，问题点拨（展）

教师在实施实验的过程中，引导学生关注电极反应、电解质溶液能不能改变等问题。小组间讨论实验过程中遇到的问题、实验现象以及实验结论，进一步明确原电池的构成要素以及认知模型。最终教师结合微观示意图解读铜锌原电池的工作原理。

设计意图：在合作的过程中，学生有合作的意愿，认识到合作也是学习的一种方式。学生明白自己在合作过程中的个人责任，并扮演积极的角色，提高小组合作学习的速度与质量等。这种体验式的合作方式使学生的主体性得到了充分、自由、和谐的发展,将生态型课堂教育理念体现得淋漓尽致。

环节五:迁移训练,应用新知(测)

针对手机没电的问题,教师引导学生思考:在实际生活中可以用什么材料设计原电池?展示干电池的图片,播放学生自制水果电池、简易电池的视频,让学生自主讨论分析还可以用什么材料制作原电池(如图 5-8 所示),课下自主开发研制新型简易电池。

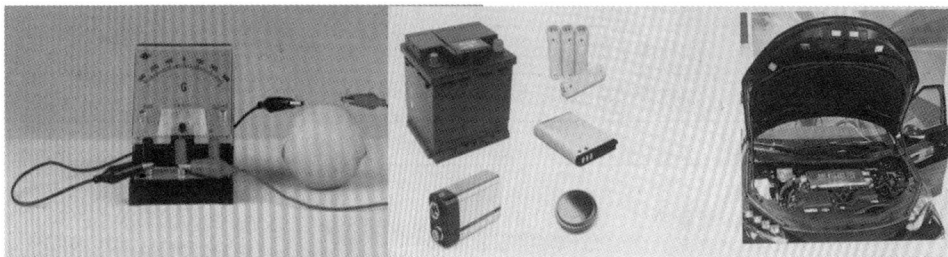

图 5-8　制作原电池的材料

设计意图:本环节教师利用学生自制的电池进行分析,在巩固学生已有知识与方法的同时激发学生的学习兴趣,同时鼓励学生课下进行自主探究,引发学生对化学学科的可持续性探究与学习。学生的发展应当是在自己原有知识基础上的一种可持续发展,这种发展与学生以后的成长或终身学习有着共同的外延,其效果应逐渐在学生以后的成长过程中显现。生态教育最终还是要落脚于可持续发展的长久性上。

不难发现,课堂学习的生态化,是以课堂学习为落脚点,在课堂生态系统内使各因子间物质、能量、信息的交换趋于平衡、稳定,使学生处于最佳"生态位",使学生在动态、和谐的课堂学习中得到全面发展。化学课堂生态化学习是指在化学课堂中学生和谐的、动态的、具备化学课堂自身特点的学习过程。在这个学习过程中,学生与教师、学生与学生之间,以化学知识、实验为介质进行沟通与交流,教师指导与启发学生学习时应注重体验与情感,不断探究与尝试,发挥自身的各项能力。

本节课主要通过原电池的分析,建立原电池的认知模型,并用其解释生活中的实际问题。

教学反思

(1)本节课注重认知模型的建立。教师借助自制氢氧燃料电池,以驱动型问题为明线,引导学生逐步分析出原电池的构成要素——电极反应物、电极材料、离子导体、电子导体、自发的氧化还原反应,对于学生构建原电池的认知模型起到了极大的推动作用。由于氢氧燃料电池的原理较抽象,因此学生需要扎实的氧化还原反应的基础知识。

（2）注重以实验的教学方法突破重难点。本节课利用氢氧燃料电池、铜锌原电池等真实的实验素材激发学生学习的兴趣,创设真实的生活情境,让学生始终处于体验式的教学场景中,有利于学生化学学科核心素养的发展。

（3）本节课强调学以致用、及时反馈。教师以原电池的原理为学习素材,通过分析学生自制的水果电池、铜锌原电池等,引导学生从真实的材料中分析原电池的构成要素,有利于学生及时强化与理解原电池的认知模型。

生物生态型课堂教学案例

"通过神经系统的调节"复习案例

教材分析及设计思路

"通过神经系统的调节"是人教版高中生物必修三第二章第一节的内容,是学生理解个体稳态调节机制的重要环节,为接下来复习体液调节和免疫调节奠定基础。因此,这节课起到了承上启下的作用。教师通过对历年来高考题的分析,发现"神经调节"是高考命题热点和高频考点。本节的主要内容是神经调节的基本方式和兴奋的传导,其中兴奋的传导包括神经纤维上的传导和神经元之间的传递两部分内容。在基于核心素养的"一核四层四翼"高考评价体系指导下,教师通过"问题引导,学案导学"的"双导"教学模式以及关键点拨、疑难问题辨析等,让学生自主梳理基础,构建知识网络。教学过程中,教师采用模型构建、实验展示等多种形式,充分利用多媒体设备、实验室器材、希沃授课助手等多种教育装备,让学生由被动接受走向主动建构,真正实现生态型课堂。

学科核心素养目标

我们结合《普通高中生物学课程标准(2017年版2020年修订)》和《中国高考评价体系》要求,制定了如下核心素养目标:

(1)生命观念——结构与功能观。通过对反射和反射弧的分析、神经冲动在神经纤维上传导的分析及突触处兴奋传递的分析,建立起结构与功能观、进化与适应观。

(2)科学思维——模型与建模。研究反射弧的结构模型,分析兴奋的产生和传递原理。

(3)科学探究——实验设计。探究反射弧中是传入神经还是传出神经,以及兴奋传导过程中电位的变化。

(4)社会责任——安全教育。通过了解成瘾的机理和毒品的危害,学会健康生活、自我管理,并形成主动宣传关爱生命、远离毒品的社会责任感。

教育装备支撑

多媒体一体机、希沃授课助手、实验室器材、WPS 软件等。

教学过程

环节一:明确目标,问题导入(导)

教师展示本节课的复习目标及近几年高考考查情况(见表 5-4)。提出问题:你在品尝巧克力时,体验巧克力让你的味蕾发生了怎样的变化? 思考:品尝巧克力让你的大脑产生的愉悦感是不是反射? 这种愉悦感是如何产生的? 从口腔咀嚼到大脑皮层产生愉悦感,你的神经细胞发生了哪些变化? 视频展示此过程中兴奋的传递与传导。

表 5-4　近五年本节课高考考点分析

高考试题	核心考点	考查能力
2020 山东卷,7	反射与兴奋的传导	Ⅱ
2019 全国Ⅰ,30	反射及神经系统的分级调节	Ⅱ
2018 全国Ⅲ,3	兴奋的传导及产生原因	Ⅱ
2017 全国Ⅱ,5	反射与人脑的高级功能	Ⅱ
2016 全国Ⅰ,4	兴奋的传导传递	Ⅱ
2016 全国Ⅲ,30	兴奋的传递过程	Ⅱ

设计意图:课堂是师生活动的生态环境,课堂教学就是要创设有利于学生成长的教学情境。本节课以品尝巧克力后机体所产生的变化为情境,贴近生活,可以迅速调动学生探究的热情、学习的欲望,让学生以最积极的状态投入课堂。同时,以问题为导向,串联本节课的复习要点:反射、兴奋在神经纤维上的传导及神经元之间的传递。教师借助多媒体设备,展示兴奋的产生及传递过程。学生可以更直观地回顾本节课的要点,为接下来的复习做铺垫。

环节二:按知识模块,梳理知识要点

突破点一:反射的结构基础以及分析反射活动

1. 自主梳理,构建知识网络(学)

学生结合课本自主梳理本部分的知识网络,明确反射的结构基础——反射弧,分析反射的类型、活动过程及发生条件,总结反射弧中传入神经和传出神经的判断方式。

2.疑难点拨,典题辨析(议、展)

科学探究:有一只脊蛙(去除脑但保留脊髓的蛙),从脊髓的一侧剥离出了一根神经,请设计实验来判断它是传入神经还是传出神经(材料:剪刀、刺激器)。说出简单的实验设计思路(参考图5-9所示的脊髓反射示意图)。

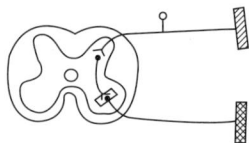
图 5-9　脊髓反射示意图

学生自主设计实验,讨论交流。教师点拨并利用多媒体模拟展示。

3.达标训练,提升能力(拓)

判断以下哪项属于反射:① 含羞草遇到刺激后叶片合拢;② 水螅有神经网,但没有神经中枢,受到刺激后全身做出反应;③ 命令"趴下"引起小狗产生听觉;④ 马戏团的小狗表演节目;⑤ 刺激肌肉引起收缩反应;⑥ 某人受惊吓后肾上腺素分泌增加。

设计意图:教师引导学生通过自主梳理构建知识网络,在回顾基础知识的同时提升综合理解能力。科学探究部分的设计使学生在巩固知识的基础上体验了科学思维过程,发展了科学思维能力。教师利用媒体动态展示,更有利于加深学生的理解和记忆。整个过程以学案为载体,以导学为方式,充分发挥了学生的主体地位,有效落实了生态型育人理念。

突破点二:兴奋的产生和传导机理,膜电位的曲线和指针偏转问题

1.自主梳理,构建知识网络(学)

学生结合导学案自主梳理本部分的知识网络,明确兴奋在神经纤维上传导的方式、过程、方向及特点。

2.疑难点拨,典题辨析(议、展)

教师采用模型构建的方式,让学生深入理解膜电位变化及电流表偏转问题。

(1)如图5-10所示,灵敏电流计的两极置于膜外,在①处给予适当的刺激,灵敏电流计为何会偏转?如何偏转?偏转几次?画出灵敏电流计的电流随时间变化的曲线图。学生初步构建、展示生物兴趣小组进行的蛙坐骨神经电刺激实验,分析灵敏电流计的变化,讨论交流,修正模型。

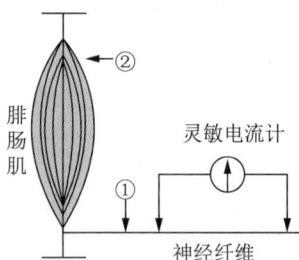
图 5-10　膜电位变化及电流表偏转

(2)若在②处给予刺激,画出②处膜电位随时间变化的曲线图并分析各段产生的原因及离子运输方式。学生讨论交流后以小组形式进行展示解说,其他小组成员补充不足,教师点拨。

3. 达标训练,提升能力(拓)

如图 5-11 所示,利用不同的处理使神经纤维上膜电位产生不同的变化,处理方式及作用机理如下:①利用药物 I 阻断 Na^+ 通道;② 利用药物 II 阻断 K^+ 通道;③ 利用药物III打开 Cl^- 通道,导致 Cl^- 内流;④ 将神经纤维置于低 Na^+ 溶液中。上述处理方式与下列可能出现的结果对应正确的是(　　　)。

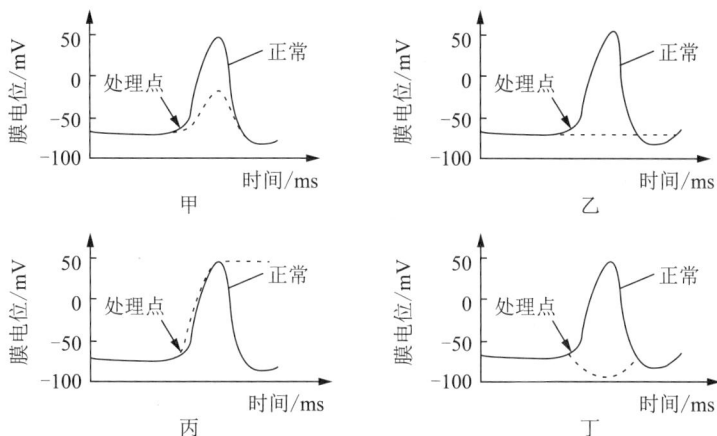

图 5-11　膜电位的变化

A. 甲—①,乙—②,丙—③,丁—④
B. 甲—④,乙—①,丙—②,丁—③
C. 甲—③,乙—①,丙—④,丁—②
D. 甲—④,乙—②,丙—③,丁—①

设计意图:生态型课堂应是体验的课堂。教师通过指导以及提供信息资料、装备工具等多种途径引导学生在不断体验中自主探究、自主发展。膜电位变化及电流表偏转问题是本节重难点。学生通过自主分析和观看蛙坐骨神经电刺激实验来构建模型的过程以及通过教师点拨、讨论交流来修正模型的过程,即是在体验中获得知识的过程。学生在获取知识的同时也锻炼了能力,符合生态型育人中可持续发展的理念。

突破点三:兴奋在神经元之间的传递机理

1. 自主梳理,构建知识网络(学)

学生结合导学案自主梳理知识网络,回顾突触结构及兴奋在神经元之间传递的过程、形式、特点,掌握神经递质的成分、作用效果及作用后去向。

2.疑难点拨,典题辨析(议、展)

如图5-12所示,以膝跳反射为例,模拟兴奋在神经元之间的传递过程及方式,重点区分兴奋型神经递质与抑制型神经递质的差别。

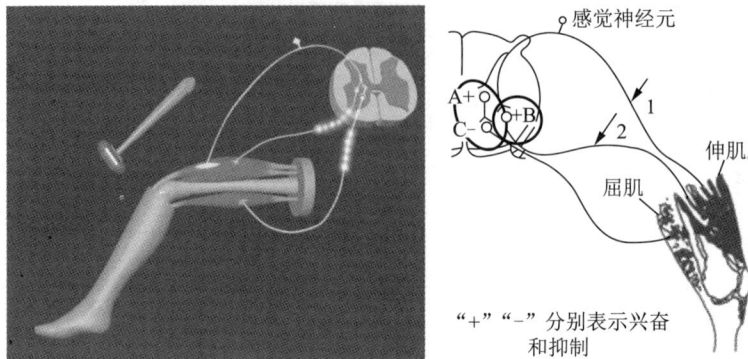

图 5-12　膝跳反射

3.达标训练,提升能力(拓)

肌肉细胞可接受来自神经元的神经递质信号ACh并引起肌肉收缩,但该神经-肌肉突触易受化学因素影响,例如:毒扁豆碱可使突触间隙中的ACh酯酶失去活性;肉毒杆菌毒素可阻断ACh释放;箭毒可与ACh受体强力结合,却不能使离子通道开放。上述物质中可导致肌肉松弛的有(　　)。

A. 仅毒扁豆碱　　　　　　　　　B. 毒扁豆碱和箭毒

C. 肉毒杆菌毒素和箭毒　　　　　D. 三者均可

设计意图:膝跳反射是学生最熟悉的反射活动,且该过程涵盖兴奋和抑制两种类型。学生通过自主梳理知识网络已基本掌握基础内容,在此基础上利用视频展示模拟过程,再由学生总结提炼,可以更有效地突破重难点。最后,通过达标训练中多种化学物质对神经-肌肉突触的影响,引导学生对本部分知识进行巩固提升,并总结出化学因素对突触的传递可能产生的影响。整个过程由浅入深、循序渐进,顺应学生身心发展要求。

环节三:巩固提升,落实生态育人

通过以上复习,学生已基本掌握本节课的知识,在此基础上学生自主构建本节课的知识网络。最后,将课堂回归到生活,列举当前医学美容行业特别热门的瘦脸针、除皱针等问题,指出其有效成分为肉毒素,引导学生利用本节课的知识分析:为什么注射了肉毒素,会使人面部变小呢?有没有后遗症?学生不难想到肉毒素能阻断乙酰胆碱的释放,从而影响神经细胞间兴奋的传递。

此外,因本节课内容可解释毒品的作用原理,所以在此处落实社会责任必不可少。教师展示可卡因作用原理,引导学生珍爱生命,远离毒品。

分析可卡因作用原理

吸烟吸入的尼古丁直接刺激中枢神经,产生更多多巴胺而导致受体数量减少,从而使人体形成依赖。

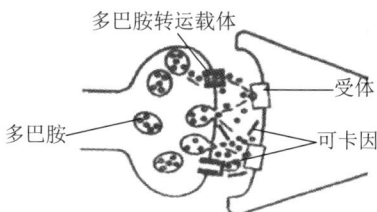

可卡因等毒品直接导致回收多巴胺的通道关闭,使突触间隙中长久存在过量多巴胺,从而使人体产生极度快感。但由于多巴胺"过猛"的"药劲"会促使突触后膜上受体数量减少,因而导致恶性循环,吸毒者用量逐渐增加。一旦戒断,吸毒者的多巴胺效应严重不足,导致吸毒者出现精神萎靡、抑郁、精神分裂、幻觉等严重的症状。

设计意图:知识源于生活、用于生活,这样才能让学生感觉到生物学习就在身边,才能激发学习动力。此处应用当前医学美容行业热门话题,将本节课知识回归到生活,实现了学科知识向实践应用能力的转化,同时也为正确价值观的树立提供了理论支撑。此外,可卡因作用原理的分析,也让学生明确了毒品的作用原理及毒品对人体的危害。教师引导学生树立远离毒品、珍爱生命的观念,落实社会责任,助力学生形成正确的世界观、人生观、价值观,促进学生全面、可持续发展,符合生态型育人观念。

教学反思

课堂是生态型育人的主阵地。生态型育人重点在于关注学生群体,关注课堂环境,关注知识与能力,关注情感、态度和价值观的引导;尊重学生主体地位,顺应学生身心发展需求,促进学生的全面、可持续发展。本节课以学案为载体,以导学为方式,充分利用教育设备,实现了教学与学生发展的真正统一,形成了涌动着生命活力的"生命课堂",有效落实了生态型育人理念。

落实议题式教学，打造生态型课堂

——以部编版必修四"社会历史的本质"为例

设计思路

历史唯物主义认为，全部社会生活在本质上是实践的。劳动创造了人，劳动推动了人类社会的产生和发展。劳动发展史是理解所有社会历史奥秘的"钥匙"。通过观看人类社会产生和发展的视频，学生直观感受劳动在由猿到人的转变中、在人类社会发展中的重大作用，理解实践是全部社会现象的源泉，培养热爱劳动、积极参加社会实践的劳动精神和公共参与意识。教师依托导学案，引导学生合作探究、交流展示，帮助学生明确社会存在和社会意识的辩证关系，让学生学会用历史唯物主义观点看问题，培养学生的科学精神。

教学目标

（一）课标要求

（1）了解人的实践活动的特性和作用，理解社会生活的实践本质。

（2）领悟社会存在决定社会意识。

（二）核心素养目标

（1）科学精神、公共参与。学生通过学习劳动在从猿到人的转变中的作用，知道劳动是社会历史的起点，理解全部社会生活在本质上是实践的，坚持在实践的基础上理解马克思主义哲学的基本观点和原理；要热爱劳动、尊重劳动、尊重劳动者，树立劳动最光荣、劳动最崇高、劳动最伟大、劳动最美丽的观念，弘扬劳动精神。

（2）政治认同、公共参与。学生通过自主、合作探究和分享，明确社会存在和社会意识的辩证关系；坚持历史唯物主义，反对历史唯心主义，理解、拥护、践行党和国家的路线、方针、政策、法律法规等。

（3）法治意识、政治认同。学生查阅资料，了解《中华人民共和国香港特别行政区维护国家安全法》制定的背景和意义,结合社会存在与社会意识的辩证关系,树立法治意识、爱国精神,自觉捍卫"一国两制"的基本方针,坚定中国特色社会主义道路自信、理论自信、制度自信、文化自信。

教学重难点

重点:社会存在与社会意识的辩证关系。
难点:社会生活在本质上是实践的。

教学方法

探究导入法、正面讲授法、议题探究法、实践教学法。

教学过程

环节一:情境导入,明确目标(导)

师:上节课我们学习了马克思主义哲学的辩证唯物主义部分,从本节课开始,我们将一起学习马克思主义哲学的第二部分——历史唯物主义,开启寻觅人类社会真谛的旅程。下面我们先通过一个短片了解一下人类社会的产生和发展。(播放视频)

师:通过短片,我们看到,人类社会是整个自然界的一个特殊部分,是自然界发展到一定阶段,伴随着人类的产生而出现的。但人类社会又不同于自然界,在自然界中起作用的是盲目的、自发的力量,社会历史是由有意识、有目的的人的实践活动构成的。社会历史的本质是什么?社会存在与社会意识的关系是什么?希望通过本节课的学习,我们可以找到答案。

设计意图:教师运用前后知识衔接和播放视频的方式导入新课,使学生能从总体上把握知识间的联系,激发学生思考,引起学生学习兴趣。

环节二:学案引领,自主学习(学)

师:请同学们自学教材58~62页内容,完成导学案自主学习部分。(4分钟自主学习)

师:本节课的总议题是社会生活在本质上是实践的。分议题一是为什么说社会生活在本质上是实践的。请同学们看以下这两段话:"劳动是整个人类生活的第一个基本条件,而且达到这样的程度,以致我们在某种意义上不得不说:劳动创造了人本身。""随着脑的进一步发育,脑的最密切的工具,即感觉器官,也进一步发育起来。正如语言的逐渐发展必然伴随有听觉器官的相应的完善化一样,脑的发育也总是伴随有所有感觉器官的完善化。"(恩格斯《劳动在从猿到人的转变中的作用》)

师：请同学们结合教材和之前所学知识，说一说劳动在从猿到人的转变中发挥了哪些作用？

生：劳动改变了人的生理结构，形成了手脚分工，使猿脑变成了人脑，形成了语言和意识，使人结成了社会联系，形成了社会关系。劳动和社会交往促进了意识的物质器官即人脑的生成，促进了意识的表达手段即语言的产生和发展，提供和丰富了意识的内容。劳动创造了人和人类社会，促进了人的意识的产生，没有劳动就没有人，就没有人类社会。

师：回答得不错！我们可以说，劳动是社会历史的起点。劳动创造了人，劳动推动了人类社会的产生和发展（劳动创造了财富，社会才得以存在和发展）。劳动发展史是理解所有社会历史奥秘的"钥匙"。

师：同学们思考一下，既然劳动在人类社会产生、存在和发展过程中发挥了如此大的作用，我们应该怎么做呢？

生：我们要热爱劳动、尊重劳动、尊重劳动者，树立劳动最光荣、劳动最崇高、劳动最伟大、劳动最美丽的观念，弘扬劳动精神。

师：我们知道，实践是人类活动的一般活动，而劳动是实践的具体化，劳动是人类最基本的实践活动。所以，我们也可以说，人类历史是由人的社会实践活动形成的，研究人类历史的规律，也就是研究人的社会实践活动的规律。实践的观点是马克思主义哲学的核心观点。

师：我们的社会生活有哪些领域？与实践的关系如何？

生：社会生活的全部领域可以分为经济领域、政治领域和精神文化领域，而人类进行物质生产的实践构成了社会生活的经济领域，人类调整、改革社会关系的实践构成了社会生活的政治领域，人类创造科学文化的实践构成了社会生活的精神文化领域。

师：实践生成了社会生活的全部领域，形成了全部社会关系，推动着人类社会的发展。因此，全部社会生活在本质上是实践的。

设计意图：本部分内容的处理，需要教师引导学生对劳动在人类社会形成过程中的作用进行系统整合。教师根据课程标准的要求进行知识扩展，通过设置问题层层递进，引发学生对劳动价值的深入思考，使学生理解社会生活在本质上是实践的，引导学生形成正确的劳动价值观。由于本部分内容晦涩难懂，因此以教师正面讲授为主。

环节三：分组讨论，合作探究（议）

师：基于实践的观点，马克思主义哲学与以往哲学不同，第一次在历史观上坚持了唯物主义,科学地解释了社会存在和社会意识的辩证关系。这是我们今天讨论的第二议题:社会存在和社会意识的辩证关系。

探究一:社会存在与社会意识的内涵

师:何为社会存在? 何为社会意识?

生:社会存在是指社会的物质生活过程,主要指物质资料的生产方式(生产力和生产关系),还包括地理环境、人口等社会生活的物质方面。(客观的、物质的)

生:社会意识是指社会的精神生活过程,既包括社会意识的各种形式,即政治、法律、哲学、道德、艺术、宗教等观点,也包括社会心理和自发形成的风俗、习惯。(主观的、精神的)

探究二:社会存在与社会意识的外延

师:根据以上概念,请同学们判断一下哪些属于社会存在范畴,哪些属于社会意识范畴:

A. 党的路线方针政策　B. 新冠疫情　C.《中华人民共和国民法典》　D. 生态文明建设　E. 中华民族精神　F. 脱贫攻坚　G. 中国特色社会主义理论体系 H. 社会主义核心价值观　I. 全面建成小康社会的实践　J. 改革开放

生:社会存在——BDFIJ　　社会意识——ACEGH

师:同学们理解得很到位,回答得很棒!

设计意图:基于唯物论的学习,通过对概念要义的提炼,使学生分清社会存在和社会意识两个概念的不同哲学范畴。

环节四:展示点评,总结升华(展)

师:我们明确了社会存在和社会意识的概念,它们之间存在着怎样的辩证关系呢?请同学们再次阅读教材,小组讨论后进一步归纳总结。

师:请两位同学把本组的学习成果同大家分享一下,先请杨××同学上台。

杨:我们组分享的观点是"社会存在决定社会意识"。首先请看尼采的"超人"哲学和梁启超的英雄史观,他们都认为人类社会的发展由某个人的意志决定,认为社会意识决定社会存在,这属于历史唯心主义观点。

师:同学们可以继续思考,像尼采、梁启超等人为什么会陷入历史唯心主义呢?

师:(原因分析)因为社会历史是人们活动的结果,而人们的活动是有目的和自觉意识的。由此便形成一种假象,似乎社会历史是由人们的动机、目的等决定的。以往的社会历史理论被这种假象所迷惑,它们至多只是考察了人们历史活动的思想动机(社会意识范畴),而没有进一步追溯到产生这些思想动机的物质原因

（社会存在范畴）。然而历史唯物主义认为,社会意识是由社会存在决定的。现在请大家用 1 分钟写出 2019 年和 2020 年的几个热词或流行语,并任选一个,说一说它背后的事件或社会现象?

赵:2019 年的热词主要有硬核、"车厘子自由"、"996"、阿中哥、区块链、奥利给……

王:2020 年的热词主要有新冠病毒、最美逆行者、直播带货、地摊经济、后浪……

赵 ××、王 ×× 两位同学分别以"硬核""最美逆行者"为例讲述了热词背后的事件。

师:这两位同学代表小组分享的热词非常具有代表性,而且分析得很到位,谢谢,请回。

杨:其实,热词属于社会意识范畴,而热词背后的事件或社会现象属于社会存在范畴。热词是对事件的反映,因此社会存在决定社会意识,社会意识是对社会存在的反映,有什么样的社会存在,就有什么样的社会意识。社会存在的变化、发展决定社会意识的变化、发展。同时,因为社会生活在本质上是实践的,社会历史条件不同,物质生活水平不同,人们的社会生活也就不同,在此基础上形成的社会意识也不同。例如:面对疫情,美国的医护人员不愿去一线战斗,纷纷辞职或罢工,这是以个人为中心的价值观的体现;而中国的医护人员不惧风险、不计报酬、主动请战,完美地践行了集体主义的价值观。这说明,个人的社会意识由所处的社会环境决定,与社会地位、接受的教育、从事的职业等密切相关。人们所处的社会经济关系不同,社会实践不同,所形成的社会意识就不同。在阶级社会中,反映社会生活的各种社会意识在不同程度上带有阶级性。不同阶级的社会意识,反映不同阶级的社会经济地位和利益。综上所述,本组的结论就是社会存在决定社会意识。我的分析完毕,谢谢!

师:感谢杨 ×× 同学的分享。杨 ×× 同学代表小组详细地分析了社会存在决定社会意识的原理,并进行了例证,有理有据,很有说服力。现在请徐 × 同学上台给大家分享他们组的学习成果。

徐:我们组分享的观点是社会意识具有相对独立性。请同学们先看一下下面这两段材料:

材料一 生活中的怪现象——有的小孩生病了,家长不是带他去看医生,而是让巫婆、神汉来治;有人笃信电脑预测、"科学"算命……

材料二 马克思早在 170 多年前就提出了共产主义的设想;改革开放之后,我们党提出社会主义现代化建设"三步走"战略目标;在解决人民温饱问题、人民生活总体上达到小康水平这两个目标提前实现的基础上,我们党又提出"两个一百年"奋斗目标……

徐:请问,"封建迷信思想""设想""战略目标""奋斗目标"属于什么范畴?为什么到了社会主义社会还存在封建迷信思想?"设想""战略目标""奋斗目标"对社会发展起什么作用?

徐:从根本上说,社会意识随着社会存在的变化、发展而变化、发展,但社会意识有时落后于社会存在,有时又会先于社会存在而变化、发展。这说明,社会意识与社会存在的变化有时不是完全同步的,这是社会意识具有相对独立性的第一个表现。人们以落后的社会意识为指导,孩子的病治不好,命运改变不了,达不到预期目标,对社会发展起阻碍作用;以先进的社会意识为指导,综合国力增强,人民生活水平提高,社会发展。这就是社会意识具有相对独立性的第二个表现——社会意识对社会存在具有反作用。以上是本组对社会意识具有相对独立性的分析论证。我的分享完毕,谢谢!

师:好,感谢徐×同学的精彩分享。徐×同学从社会意识的变化与社会存在的变化有时不完全同步和社会意识对社会存在具有反作用两个方面说明社会意识具有相对独立性。其思路清晰,逻辑关系严密,讲得全面透彻,很不错!

师:我们结合以上两个小组的结论,得出社会存在和社会意识的辩证关系:一是社会存在决定社会意识,社会意识是对社会存在的反映;二是社会意识具有相对独立性。社会意识有时落后于社会存在,有时又会先于社会存在而变化、发展;落后的社会意识对社会发展起阻碍作用,先进的社会意识可以正确地预见社会发展的方向和趋势,对社会发展起积极的推动作用。

师:请同学们画出本节课的思维导图(如图5-13所示),整理完毕后在小组内分享。(教师用PPT展示范例)

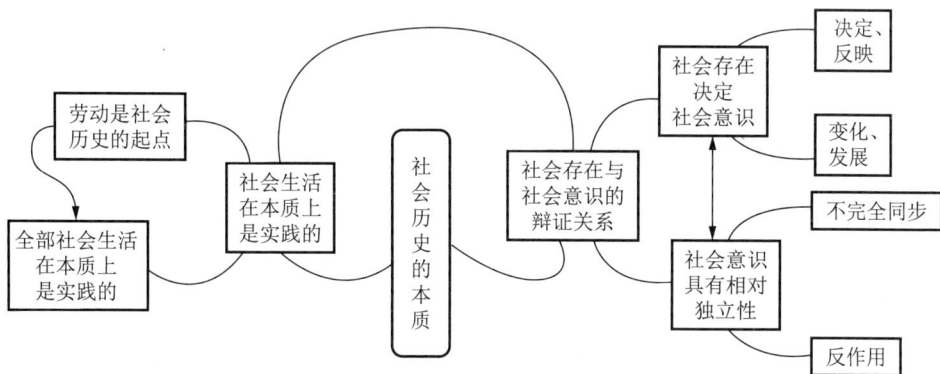

图5-13　思维导图

设计意图:教师通过设置课前及课中小组合作学习、资料整理、课件制作和成果展示等活动,培养学生的参与意识、合作意识,提高学生的表达能力和自信心,并深化学生对教材内容的理解。师生借助思维导图进行课堂小结,强化教材知识的逻辑关系,有助于从整体上理解和把握教材。

环节五:当堂检测,达成目标(测)

师:同学们,我们学哲学是为了用哲学,学好哲学可以更加全面透彻地理解政治,指导我们的学习生活。请同学们结合本节课所学,分析以下材料。

(PPT展示)十三届全国人大常委会第十二次会议于2020年6月30日上午表决通过了《中华人民共和国香港特别行政区维护国家安全法》(以下简称《香港国安法》),国家主席习近平签署主席令予以公布,自公布之日起施行。

师:以下是记者对香港特区政府警务处处长邓炳强的采访视频。请同学们认真看、仔细听,并结合图片内容,用社会存在和社会意识的辩证关系来分析全国人大常委会制定《香港国安法》的原因与意义。

学生讨论结束,从以下角度进行交流发言。

生1:香港之前发生暴乱,需要制定《香港国安法》来维护香港安定——社会存在决定社会意识。

生2:全国人大常委会制定《香港国安法》有利于维护"一国两制"的基本方针——社会意识的反作用。

生3:全国人大常委会制定《香港国安法》为惩治乱港分子提供法律依据——社会意识的反作用。

生4:世界上其他国家基于维护国家安全的需要也都制定了国家安全法——社会存在决定社会意识。

师:同学们回答得非常好,能有效提取视频和图片的信息,值得表扬!

师:党中央顺应全国人民意志,依据宪法和基本法,主动从国家层面堵塞香港存在的国家安全漏洞,彰显了党中央维护国家安全的坚强意志和坚定决心,充分体现了党中央对香港整体利益和香港同胞根本福祉的坚决维护和最大关爱,为"一国两制"行稳致远奠定了牢固的安全基石。《香港国安法》的通过,再次向世界明示:中国的领土与主权,不容任何势力染指!维护国家安全是我们每个公民义不容辞的责任!

设计意图:教师选定社会热点素材,引导学生设置、分析问题,有利于增强学生理论联系实际的分析能力,培养学生的爱国情、强国志、报国行,使学生提高政治认同,树立科学精神,增强法治意识,提高公共参与能力。

教学反思

（1）教学目标设置科学合理。教师准确把握课程标准的核心素养和学业质量评价标准要求，设置的目标符合具体化、可操作、可观测、可测评的总体要求。教学设计、教学实施、活动组织、巩固练习都围绕教学目标进行，目标达成度较高。

（2）突出学科核心素养培育。学生能在活动参与、自主合作探究中，通过体验、感悟、独立思考提升核心素养。本节课学生通过身临其境的参与，特别是两组学生展示分享对《香港国安法》的分析解读活动，能有效培育"政治认同""法治意识""公共参与""科学思维"等学科核心素养。

（3）教学设计突出体现了学科特点和学科要求。教学过程中设置的情境创设和问题探究分享等活动，符合思想政治"课程内容活动化""活动内容课程化"的要求，凸显了思想政治课"综合性活动型"课程定位。

（4）发挥了思想政治学科育人价值。本节课通过教师讲授、学生探究、学生体验等活动，突出了思想政治课在落实立德树人根本任务中的关键课程作用，引领学生做到认同"两个维护"、坚定"四个自信"，帮助学生树立正确的政治方向，培养学生的社会参与能力，培育学生的思想政治学科素养。

（5）师生互动良好，课堂达成度高。教师处理本节课知识比较到位，能灵活创造性地使用教材，重难点把握准确、处理得当，能熟练运用多媒体和信息技术辅助教学。课堂授课结构完整，讲练结合，过渡自然、顺畅，注重师生互动。课堂气氛活跃，学生参与度高，整体比较成功。

第八节 历史生态型课堂教学案例

"欧洲的思想解放运动"教学案例

教材分析

本节课为部编版普通高中教科书历史必修《中外历史纲要》(下)第四单元第八课《欧洲的思想解放运动》,其内容包括"文艺复兴""宗教改革""近代科学的兴起""启蒙运动"四目。四目内容分别讲述了文艺复兴、宗教改革、近代科学的兴起以及启蒙运动的背景、内容、影响等知识点,相对独立却又相互关联,把握四目内容之间的逻辑联系是教师在本节课教学中需要特别注意的。本节课内容上承接全球联系的初步建立,讲述因新航路开辟而走向整体的世界,展示了西欧思想解放的历程,属于世界近代史教学内容中的重点章节。无论是从课程标准要求看,还是从世界近代史体系把握上看,本节课教学内容都具有十分重要的地位。教好、学好本节课内容,对把握整个世界近代史十分关键。

学情分析

本节课的教学对象是高一年级学生。学生通过高一下学期前三个专题的学习,对世界史有了初步的了解,逐渐掌握了基本的历史学习方法,对继续学习世界历史应该具有较为浓厚的兴趣。同时,学生也逐渐了解历史学习的特点,思维较为活跃,抽象逻辑思维由"经验型"向"现实型"转变,形成辩证思维,可以从不同的角度去探究历史。这些有利于学生更加全面地去学习这一课。

学生在初中阶段已经学习过文艺复兴的发生时间、地点以及但丁、达·芬奇、莎士比亚的主要作品与思想,对于文艺复兴运动是一场反对教会、神权至上和提倡人文主义的新文化运动性质较为了解。学生积累了一定的基础知识,对欧洲思想解放运动有基本的认识。但关于宗教改革、科学革命与启蒙运动的兴起,学生知之不多,且并未形成全球史观的系统知识,缺乏全面把握的能力和理性认识。因此,教师需要提供材料,运用地图、故事、表格等资料引导学生更深层次地学习。

课程标准

了解文艺复兴、宗教改革、启蒙运动与资产阶级革命的历史渊源,认识资产阶级革命的发生和资本主义制度的确立是近代西方政治思想理念的初步实现。

学习目标

（1）唯物史观。理解西欧思想解放的历程是由欧洲资本主义萌芽从产生到壮大的经济基础决定的,学会社会存在决定社会意识的唯物史观方法。

（2）时空观念。学会通过地图、时间轴来观察西欧思想解放运动,理解重大历史事件是在特定的时空条件下发生的。

（3）史料实证。在对西欧思想解放运动的探究中,能够恰当地运用史料对所探究问题进行论述,能够规范地引用史料。

（4）历史解释。能够在尽可能占有史料的基础上,在正确的历史观和方法论的指导下,全面客观地论述文艺复兴、启蒙运动等内容。

学习重难点

重点:文艺复兴与启蒙运动兴起的原因、性质、指导思想、成就、影响。

难点:认识西欧思想解放运动中体现的人文主义,理解思想解放与科学革命的关系。

教学过程

环节一:创设情境,明确目标（导）

师:（播放李斯特钢琴曲《彼特拉克十四行诗》,引发学生兴趣）14—17 世纪被历史学家称为"发现的时代",大家知道发现了什么吗?

生:新航路的开辟使人们发现了更广阔的世界。

师:还有第二大发现——"人"。通过本节课学习,我们一起看看人是如何被发现的。

设计意图:通过音乐及问题导入新课,引起学生的学习兴趣。

环节二:问题导向,学案导学（学）

师:请同学们自学教材,完成导学案自主学习部分。

师:文艺复兴的时间是什么?内涵是什么?

生:文艺复兴的时间是 14—17 世纪初,其内涵是人文主义。

师:文艺复兴的成就有哪些?

生:"文学三杰""美术三杰"。

设计意图：生态型课堂要改变单一的学习方式，注重创设令师生身心愉悦、乐中有学、学中有乐的课堂环境。教师不是机械地讲述文艺复兴的内涵与评价，而是通过对这一时期代表人物及其作品的介绍激发学生的兴趣，同时让学生深刻地感受文艺复兴的内涵，从而落实新课程标准中对史料实证与历史解释素养的要求，营造和谐、自然、开放、民主的生态型课堂氛围。

环节三：创设情境，探究疑难（议）

第一篇章　文艺复兴——从人的角度认识人

（一）名词解释

文艺复兴是 14 世纪至 17 世纪初，欧洲新兴资产阶级以复兴希腊罗马古典文化为名发起的思想解放运动，兴起于意大利，后扩展到欧洲各地。

由名词解释抛出问题：为什么是在 14 世纪兴起？为什么兴起于意大利？真的是以复兴古希腊罗马文化为名吗？教师展示资料并进行分析。

（二）讨论探究

材料一　13—15 世纪，佛罗伦萨是欧洲主要的工商业和金融中心之一，市民生活丰富多彩，世俗活动和个人发展受到重视，为新文化、新思想的滋生和繁荣提供了沃土。

材料二　天主教会禁欲苦行的说教引起新兴资产阶级的不满，但他们没有成熟的文化体系以取代基督教文化。他们在古代希腊罗马文化中找到了共鸣。意大利人能够接触到大量的古代希腊罗马文化遗存，还有机会得到拜占庭帝国保留的古代希腊罗马文化典籍。

小组合作探究，教师引导分析。

师：文艺复兴为什么兴起于意大利？

生：有几方面的原因。

①经济根源。资本主义萌芽的出现与发展（根本原因）。

②文化基础。意大利有古希腊罗马文化的深厚积淀。

③中坚力量。意大利聚集了一大批具有新思想的学者文人。

④社会心理。对宗教信仰的反思与怀疑。

师：文艺复兴是以复兴古希腊罗马文化为名吗？

生：新兴资产阶级没有成熟的文化体系以取代基督教文化，说明当时资本主义经济不够发达，资产阶级力量不够强大。

设计意图：生态型课堂的设计理念是以培养学生能力为出发点。因此，这里通过学生自主分析材料、合作探究的形式探讨文艺复兴的背景,充分发挥学生的自主性。同时,培养学生史料分析的能力,渗透历史解释、唯物史观的素养。

师:资产阶级借助古希腊罗马文化宣扬怎样的思想呢? 首先通过一组图片感受一下。

达·芬奇:《最后的晚餐》　　米开朗琪罗:《大卫》　　拉斐尔:《抱子圣母》

师:这是文艺复兴全盛时期的作品。在兴起与扩展时期,艺术领域又是如何表达自己的思想的呢? (展示图片及文字资料)

你的意志已经自由、正直和健全,不照它的指示行动是一种错误;我现在给你加上冠冕来自作主宰。

——但丁《神曲》

我不想变成上帝或者居住在永恒之中,或者把天国抱在怀里。属于人的那种光荣对于我来说就够了。这正是我所祈求的一切,我自己是凡人,我只求凡人的一切。

——彼特拉克《歌集》

人是一件多么了不起的杰作! 多么高贵的理性! 多么伟大的力量! 多么优美的仪表! 多么文雅的举动! 在行为上多么像一个天使! 在智慧上多么像一个天神! 宇宙的精华! 万物的灵长!

——莎士比亚

教师由上面的图片及文字引导学生总结文艺复兴的三个阶段,并进一步分析人文主义的内涵。教师进一步提出问题:文艺复兴是单纯的古希腊罗马文化的再生吗? 由前面的分析,学生很容易得出:文艺复兴是以学习和恢复希腊罗马古典文化为名,实质上却是创立符合新兴资产阶级需要的新文化。

【过渡】文艺复兴在当时对人性的解放产生了怎样的影响？根据材料分析。

材料　在谈到文艺复兴的影响时,德国学者鲍尔生写道:"首先,没有文艺复兴运动就不会有宗教改革运动的产生,也不会有后来的思想与学术的发展,因为哲学与自然科学,以及史学和人文科学,无一不是在文艺复兴运动的雨露滋润下成长起来的。从以封建制度为基础的中世纪国家,过渡到以民族文化和民族教育的利益为基础的现代国家,如果没有文艺复兴运动,也同样是不可想象的事。"

——贺国庆《中世纪大学向现代大学过渡》

生:我觉得文艺复兴有以下影响。

（1）解放被宗教戒律压抑和禁锢的人性,推动后来宗教改革的发生。

（2）关注人与现实世界,崇尚理性思维方式,促进了科学革命的兴起及新航路的开辟。

（3）给古典文化注入新的时代内容,推动了文化教育的发展。

（4）一定程度上冲击了封建秩序,促进了民族意识的成长。

局限性:对人文主义的过分推崇,造成文艺复兴运动后期个人私欲的膨胀、泛滥和社会动荡。

师:文艺复兴对天主教会的批判,更进一步引发了人们对教会贪婪的不满,引发了宗教改革运动。

第二篇章　宗教改革——从人的角度认识神

（一）名词解释

宗教改革是16世纪欧洲资产阶级反对天主教会精神独裁的思想解放运动,最先发生于德意志,后来扩展到西欧其他一些国家。

师:马丁·路德的《九十五条论纲》拉开了宗教改革的序幕。请同学们阅读教材48页第四段的内容,归纳马丁·路德推行宗教改革的主张。

生:人的灵魂获救靠自己的信仰（"因信称义"）,上帝面前人人平等,建立独立的民族教会和廉俭教会,用民族语言进行宗教活动。他从神学角度论证人获得精神上的自由和灵魂得救的自主权,带有鲜明的人文主义色彩。

师:这场宗教改革比文艺复兴有更广泛的社会基础,也产生了更深刻的影响。我们通过材料分析一下。

（二）讨论探究

材料一　宗教改革有助于西欧文明的现代化。当时识字率提高,思想十分活跃;民众觉醒和参政的程度是欧亚大陆其他地区无法比拟的。世俗当局控制着神职人员的任命和教会的财务。宗教改革的直接和决定性的遗产是权力由教会向政府的转移。

——斯塔夫里阿诺斯《全球通史》

材料二　宗教改革之后,西欧思想信仰大一统的局面结束,出现了信仰分裂的新局面。但是最初,无论各个宗教派别还是各国君主,都不能接受这种新的局面。只要出现与正统宗教不一样的思想见解,就会被当作"异端"受到压制。……各个宗教派别都不能容忍对方的存在……各国君主也视不同信仰的国家为敌国……其结果便是发生了一系列大规模的宗教战争。

——齐世荣《世界史》(近代卷)

积极方面:

（1）思想。进一步解放了人们的思想,促进了宗教宽容、信仰自由的发展,也传播和发展了人文主义。

（2）经济。有利于欧洲资本主义经济的发展。

（3）政治。推动了欧洲民族国家的形成。

（4）文化。推动了文化教育事业的发展。

消极方面:引发了宗教战争与国家纷争,造成社会动荡不安。

设计意图: 生态型课堂是师生共同的舞台。针对宗教改革的内涵和影响,通过生生合作、师生合作,以教师不断抛出问题—学生分析回答—教师进一步抛出新问题或者生成新问题的形式共同完成知识的学习,充分启发学生的思维,形成平等、民主、和谐的生态型师生关系。

师:文艺复兴、宗教改革对天主教会的批判,也引发了人们对教会世界观的质疑,开始真正地思考自然界,由此近代科学兴起。

环节四:展示交流,问题点拨(展)

第三篇章　近代科学的兴起——从人的角度认识自然界

教师分享学生的自学成果(如图 5-14 所示),并抛出问题:思想解放与科学革命的关系是什么?

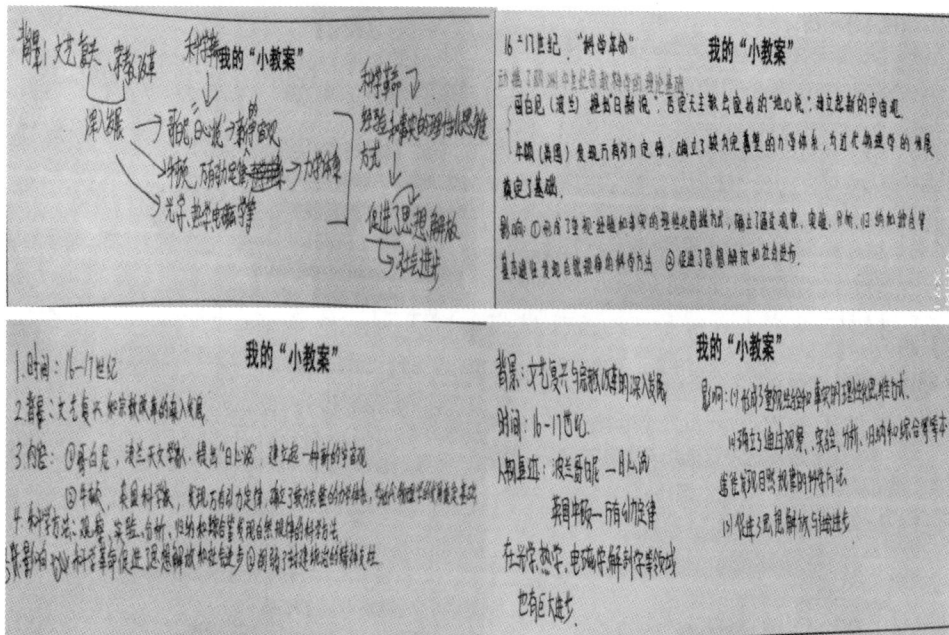

图 5-14　学生的自学成果

设计意图：生态型课堂是联系的课堂、发展的课堂、和谐的课堂、共生的课堂。与传统课堂相比，生态型课堂更开放、更多样。构建生态型课堂，具体地说，就是要依托开放多样的生态型课程，构建互动对话、民主平等的和谐师生关系。本环节的学习基本从这个理念出发，让学生自主完成小教案并分享自学成果。开放的形式、开放的答案，有利于培养学生的自学能力，也有利于学生的终身发展。同时，依据学生的自学成果提出问题，并进一步分析，落实唯物史观核心素养。

师：思想解放推动了科学革命，反过来，科学的精神、理性的思维又进一步推动了后来的启蒙运动。

第四篇章　启蒙运动——从人的角度认识社会

（一）名词解释

"启蒙"一词，法文原意为光明、智慧。启蒙运动产生于 17 世纪的英国，在 18 世纪的法国达到高潮，后扩展到欧洲其他国家及北美地区。启蒙运动就是以理性和科学的光芒，驱散蒙昧、迷信、宗教狂热和专制统治带来的黑暗，照亮人们精神世界的思想解放运动。

（1）精神内核：理性主义。

（2）斗争对象：教权主义与专制主义。

（3）启蒙运动相关知识见表 5-5。

表 5-5　启蒙运动相关知识

时　间	时　期	国　家	代表人物	主要思想主张	相似点
	出　现		亚当·斯密	"现代经济学之父"主张（　　　）	
	高　潮		伏尔泰	抨击天主教会；反对君主专制，建立（　　　）；天赋人权，自由平等；在法律面前人人平等	
				反对君主专制，强调（　　　）三权分立，相互（　　　　　）	
			卢　梭	社会契约论，主张（　　　）和（　　　　）	
	扩　展			启蒙运动的集大成者，主张（　　　）	

师：启蒙思想家们是如何进行批判斗争并表达自己的主张的？请同学们梳理教材并展示自学成果。

师：（启蒙思想再认识）启蒙思想家们批判的是怎样的社会现实？

生：批判专制王权、封建特权，批判教权、神权。

师：构建了怎样的理想社会？

生：人权（公民取代臣民）——天赋人权（否定特权）、主权在民（否定王权）。法治（法治取代人治）——社会契约（否定特权）、三权分立（防止专制）。政体——君主立宪制/民主共和制。

师：从批判到构建的核心思维是什么？

生：理性。

师：与文艺复兴、宗教改革相比，启蒙运动有何变化（见表5-6）？

表 5-6　文艺复兴、宗教改革、启蒙运动的比较

项　目	文艺复兴	宗教改革	启蒙运动
批判对象	天主教会的神学世界观	天主教会	既指向基督教会，又指向封建制度，集中批判专制主义与教权主义
批判形式	借助古希腊罗马文化	借助教会改革	完全摆脱宗教外衣，提倡理性，尊重科学
涉及领域	文学艺术	宗教	宗教、哲学、科学等精神文明领域的各个方面
思想内容	肯定人的价值和尊严，追求现世社会的幸福	因信称义，人的精神自由	用理性取代专制和愚昧，建立自由平等的理想社会，勾画未来社会蓝图

师：从批判对象和批判形式的变化分析启蒙运动发生的原因（如图5-15所示）。（资本主义经济的不断发展）从思想内容分析人文主义的发展。

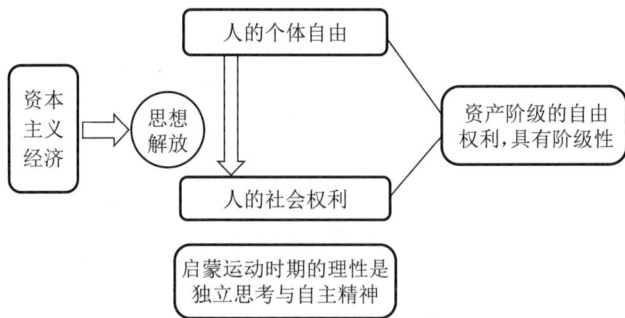

图 5-15 启蒙运动的发生

师：启蒙思想家们的主张有没有得到实现呢？看下面的材料，思考为什么这么说。

（二）讨论探究

材料一 法国国王路易十六在被押上断头台前恍然大悟："原来是伏尔泰、卢梭毁了法国！"美国第三任总统杰斐逊宣布每个人都有两个祖国："他自己的国家和法国。"

——柏克《法国革命论》

材料二 启蒙运动对理性思想的高扬使它实现了西方思想和文化向现代的转换……占主宰地位的专制主义政治制度陷入了守势，要求废除王权，建立民主政体，还政于民成为西方社会政体的主流。要求在政治上和经济上的自由和平等成为随后西方人民斗争的动力和目标，一个具有极大进取精神和不断发展的西方社会出现在了人类舞台上。

——徐新《西方文化史》

（1）启蒙运动进一步解放了人们的思想，为资本主义制度的建立做了理论准备和舆论宣传。

（2）启蒙运动直接推动了美国独立战争和法国大革命，有助于在这些国家建立资产阶级统治。

（3）启蒙思想成为殖民地半殖民地人民争取民族独立的精神武器。

设计意图：生态型课堂是一种可持续发展的课堂，从学习目标到课堂内容、过程，整个环节都在使每个学生获得提升发展。其不仅重视学生的认知发展，还强调学生的态度、情感、人格、价值观的发展以及身心发展等。本环节是在前面已学知识的基础上，进一步让学生自主探究，并由思想延伸到社会实际，延伸到人生观与价值观。

（三）构建本课体系

时空坐标如图 5-16 所示。

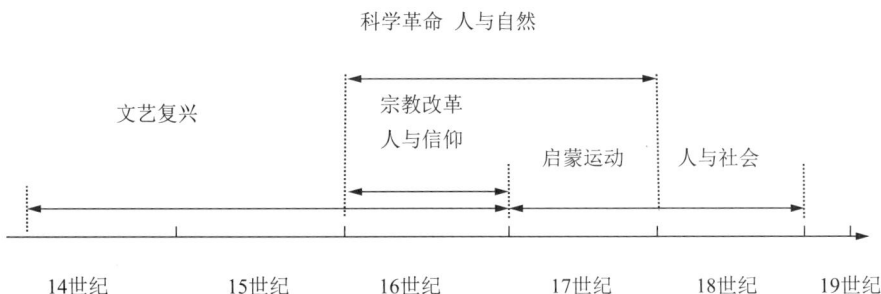

图 5-16　时空坐标

环节五：迁移训练，回扣课标（测）

师：现在请同学们完成导学案中链接高考的内容。

1. （2020•山东高考•11）启蒙运动中，一些思想家提出，"世界可以根除一切邪恶，因为任何邪恶的存在……仅仅是不良环境的产物，而这种环境是人类创造的，人类也可以改变它"。这反映出他们已经理性地思考（　　）

A. 宗教改革运动的缺陷　　　　　　　B. 社会的改造问题

C. 科学的价值与作用　　　　　　　　D. 人类与环境的辩证关系

2. （2020•全国高考Ⅰ卷•33）16 世纪的思想家蒙田从教育要培养"完全的绅士"理念出发，强调要注重培养身心和谐发展的"完整的人"，即不仅体魄强健、知识渊博，还具有良好的判断力和爱国、坚韧、勇敢、关心公益等优秀品质。蒙田的教育主张（　　）

A. 体现了文艺复兴思想对人的认识　　B. 推动了资产阶级革命的高涨

C. 反映了启蒙运动生而平等的理念　　D. 摆脱了宗教观念的长期束缚

3. （2020•全国高考Ⅱ卷•33）15 世纪中叶，西尔维乌斯在《论自由教育》一文中，强调培养身心俱健的人，要求通过体育、军事训练与合理饮食来强健身体，通过文学、哲学和文艺的学习来丰富精神世界，使人拥有信仰、美德、知识和智慧。这一主张（　　）

A. 丰富了人文主义的教育思想　　　　B. 重申了启蒙运动的思想内容

C. 强调信仰对教育的决定作用　　　　D. 奠定了宗教改革的理论基础

4. （2020•全国高考Ⅲ卷•32）1549—1560 年，约 4 776 名法国逃难者进入加尔文派控制下的日内瓦，其中 1 536 人是工匠。他们将技术和资金由奢侈品行

业投入普通的钟表业,日内瓦逐步发展成为世界钟表业的摇篮。这反映出,当时
（　　）

　　A. 人文主义传播缓和了社会矛盾

　　B. 经济发展不平衡促进技术转移

　　C. 工匠精神决定了城市生活面貌

　　D. 宗教改革助推日内瓦经济发展

　　5.（2020·天津高考·11）1751—1780 年,法国学者狄德罗等主持编撰的《百
科全书》陆续出版。该书编撰的经济来源,不是通常的资助人出资,而是约 4 000
位订购者的预付款。到 1789 年,该书售出两万多册,创造了上百万里弗的利润。
由此可以看出（　　）

　　A. 启蒙思想家得到了全社会的追崇

　　B. 新的生产经营方式发挥重要作用

　　C. 思想文化领域的大变革即将开始

　　D. 资本主义剩余价值学说深入人心

教学反思

　　生态型课堂中存在着许多种关系,如师生关系、生生关系等。生态型课堂强
调开放、多样、发展、生成。本节课力争打造生态型课堂,培育学生的核心素养。整
体来看内容较多,所以详细分析了文艺复兴与启蒙运动这两场思想解放运动,而
对宗教改革与科学革命进行了适当的处理,从时间把控来说基本合理。问题在于
文艺复兴部分对人文主义思想内涵的分析略有不顺,放手给学生,通过人物及作
品进行感受,没有真正达到知识学习的目的。对于略讲的问题,教师引导学生充
分发挥自学主动性,利用展示学习成果的方式进行学习,进一步生成问题"思想
解放与科学革命的关系是什么？",这部分较好地体现了生态型课堂的内涵。本
节课学生的积极性比较高,在以后的教学中还要整合多种教学手段,努力提升学
生的上课积极性,落实生态型教育,培养学生素养,这也是我们师生共同成长的
需要。

地理生态型课堂教学案例

生态型课堂引导下的地理讲评课构建

——以高二地理期末考试讲评课为例

教材分析和设计思路

生态型课堂是高效教、主动学,从而达到良性互动的高质量课堂。我们能否坚持生态型课堂建设,关乎育人方式的推进与改革。讲评课是课堂教学中一种重要的类型,包括试卷分析,学生自主纠错,教师讲评典型错误、分析错题原因,变式训练,归纳总结知识、思路和方法,以及巩固性、补偿性训练。通过讲评和练习,学生突破思维障碍。生态型课堂的构建有利于提高讲评课效率,提高教学目标的有效性和学生学习的主动性,使课堂教学效益最大化。

随着学校"双导—五环节"生态型课堂教学流程的不断完善,如何将其应用于教学当中,从而革新课堂教学中教与学的方式,实现全面育人、立德树人的生态型教育目标,需要教师不断探索实践。本部分内容以高二地理期末考试讲评课为例,探讨地理讲评课生态型课堂的构建。

教学目标

(1)通过分析命题意图、失分原因和典型题讲解,总结解题方法,培养学生的综合思维。

(2)通过复习知识点、进行变式训练,让学生掌握解题的有效方法。

(3)增强学生的信心,培养学生答题的能力,提高学生的核心素养。

教学过程

环节一:数据分析,明确目标(导)

(一)试题内容分析

1. 试卷分析

试卷分析如图 5-17 所示。

题型	对应题号	分值	占比	年级	
				均分	得分率⇕
主观题	16,17,18,19	55	55%	23.25	42.27%
客观题	1,2,3,4,5,6,…	45	45%	28.55	63.44%
解答题	16(1),16(2),…	55	55%	23.25	42.27%
单选题	1,2,3,4,5,6,…	45	45%	28.55	63.44%

图 5-17 试卷分析

本次考试考查选择性必修一和选择性必修二的内容,其中选择性必修二的内容偏多一些。试卷仍然采用 15 加 4 的高考试题模式。整体试卷难度系数为 0.6,是本学期历次联考难度最低的一次,但是也有个别题目难度较大,如选择题 1,2 题和综合题 16 题,它们集中在选择性必修一自然地理部分。这一部分内容思维量大、综合性强,是整个高中地理的难点,仍需我们在复习备考中加强训练。

2. 答题情况分析

学生答题情况分析见表 5-7。

表 5-7 学生答题情况

题 号	题 型	分值/分	难 度	高二年级		高二年级 2 班	
				均分/分	得分率/%	均分/分	得分率/%
1	客观题	3	0.41	1.22	40.60	1.04	34.55
2	客观题	3	0.40	1.19	39.60	1.31	43.64
3	客观题	3	0.88	2.64	87.97	2.73	90.91
4	客观题	3	0.53	1.60	53.38	2.40	80.00
5	客观题	3	0.70	2.09	69.67	2.40	80.00
6	客观题	3	0.80	2.41	80.33	2.29	76.36
7	客观题	3	0.67	2.02	67.42	1.53	50.91
8	客观题	3	0.36	1.09	36.34	0.71	23.64
9	客观题	3	0.46	1.39	46.37	1.53	50.91
10	客观题	3	0.71	2.13	70.93	2.45	81.82
11	客观题	3	0.70	2.09	69.67	2.35	78.18
12	客观题	3	0.75	2.26	75.31	2.29	76.36
13	客观题	3	0.73	2.19	73.06	1.96	65.45
14	客观题	3	0.80	2.39	79.82	2.45	81.82

续表

题　号	题　型	分值/分	难　度	高二年级		高二年级2班	
				均分/分	得分率/%	均分/分	得分率/%
15	客观题	3	0.61	1.83	61.03	1.80	60.00
16	主观题	14	0.41	5.73	40.90	6.51	46.49
17	主观题	14	0.35	4.94	35.26	5.33	38.05
18	主观题	15	0.42	6.35	42.33	7.73	51.52
19	主观题	12	0.52	6.24	52.03	7.27	60.61

3. 考试中出现的问题

（1）部分学生对自然地理原理的理解和把握仍然不是很牢固，虽然经过一段时间的基础知识强化，但是在应用上仍然不能活学活用。

（2）部分学生的知识迁移能力不足，对于做过的相似的试题不会迁移。试卷16题第一问与考试前三天做的一个问题相似，但只有不到三分之一的学生能够做到知识迁移，甚至还有学生在讲评时表现得十分茫然，对课上讲过的知识丝毫没有印象，可见上课听讲不够认真。

（3）部分学生审题不清，获取关键信息的能力较差。部分学生欠缺对材料信息获取和加工的能力，不能将答案落实到关键词上，造成答非所问的现象。

（4）部分学生缺乏耐心，对难题胡乱作答，不能静下心来思考。部分学生缺乏读图分析能力，不能将图示与材料有机结合，忽略图示给出的重要信息。

（5）部分学生仍然有答题不规范的现象，如分不清基本概念，不使用专业术语，不分条答题，书写凌乱，错别字多等。

设计意图：一是通过分析明确试题覆盖的知识点、试题考查的地理能力、与高考试题的异同、各试题的难易、命题意图等；二是分析学生答题情况，对学生的答题情况认真诊断，总结失分原因并制定解决措施。

环节二：自我纠查，分析错因

学生自己独立核对答案，查阅教材并思考做错的原因，筛选出不明白错因的试题。

设计意图：教师引导学生去思考、探究、联想，提高学生的好奇心和对学习的兴趣。整个过程，都是学生在自主学习、主动学习，沉浸在自主探究、自我解决问题的快乐当中。这体现了生态型课程所提倡的"以问题为先导，让学生解决问题并最终提升能力"新理念。

环节三：小组合作，讨论质疑

学生带着在第二环节中查找出的未能解决的问题，进入小组内互帮互助阶段，就自己不明白错因的试题向小组内的学习同伴求助，并主动、热情地为自己的同伴讲解他们不会的试题。在此过程中教师巡视指导。

设计意图：通过小组合作的形式培养学生合作学习、合作探究的能力。在一些问题组内成员都解决不了的情况下，可以共同讨论，集思广益，使学生在讨论中进行自我修正、自我完善，判断、评价、解决问题。学生在这一过程中，既可以复习、巩固知识，又可以解决很多不会的问题，同时也可体会作为讲题者的成就感和满足感，增加自信心，贯彻平等、合作、共生的生态型教育理念，创设动态生成的地理课堂。

环节四：教师点拨，总结升华

知识点一：河流的搬运作用

分析：掌握河流搬运作用的影响因素是解答本类问题的关键，同时要把握本类问题搬运作用的强度大小相关知识，这样本类问题就迎刃而解了。

归纳：河流搬运作用的影响因素包括流速大小（影响因素——地形、水量）、颗粒物重量。

变式训练：风把从地表吹扬起来的松散碎屑物质搬运到他处的过程，称为风的搬运作用。风的搬运能力极强，如图5-18所示是风力搬运的三种方式。

读图，完成下列各题。

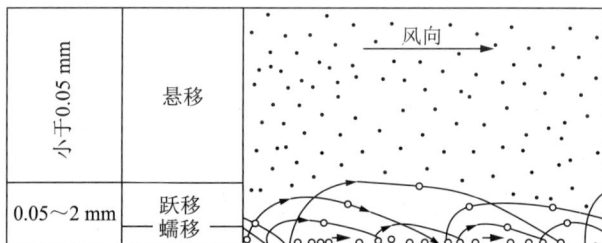

图5-18 风力搬运的三种方式

1. 下列关于风力搬运的说法正确的是（ ）

A. 风力搬运作用/能力一般与风力的大小成反比

B. 风力搬运作用/能力一般与碎屑物的粒度大小成正比

C. 风力搬运作用/能力一般与风力的大小成正比

D. 风力搬运作用/能力一般与碎屑物的粒度大小没关系

2. 下列说法错误的是(　　　)

A. 悬移搬运的颗粒物最小,跃移搬运的颗粒物最大

B. 搬运方式随风力的增减而改变

C. 风力增大,蠕移可变为跃移

D. 风力减小,悬移可变为跃移

知识点二:资源枯竭型城市

分析:对材料的分析是解答本类问题的关键,材料强调"因煤而兴,也曾因煤而困",所以煤炭资源的枯竭是根本原因。要注重对材料的分析,加强答题技巧的训练。

变式训练:2014 年小米集团启动了生态链计划,能与小米品牌相匹配的行业及产品,都是小米集团生态链延伸的领域。其生态链的布局范围宽泛:最核心层是围绕着手机开拓市场,开发耳机、小音箱、移动电源等手机周边产品;接着是智能硬件,从扫地机器人到空气净化器;此外还涉足毛巾、牙刷等生活消耗品。据此完成下面小题。

1. 影响小米手机周边产品生产的主导区位因素是(　　　)

A. 市场　　　　　　B. 科技　　　　　　C. 资金　　　　　　D. 政策

2. 小米集团涉足附加值低的毛巾和牙刷等生活消耗品的直接目的是(　　　)

A. 提升企业品牌形象　　　　　　B. 增加销售利润

C. 提高用户参与程度　　　　　　D. 扩大产品种类

3. 小米集团实施生态链计划可以(　　　)

A. 增强研发能力　　　　　　B. 提升销售利润

C. 增加经营人才　　　　　　D. 获得投资效益

知识点三:冲积扇的形成条件

展示学生答题卡截图,如图 5-19 所示。

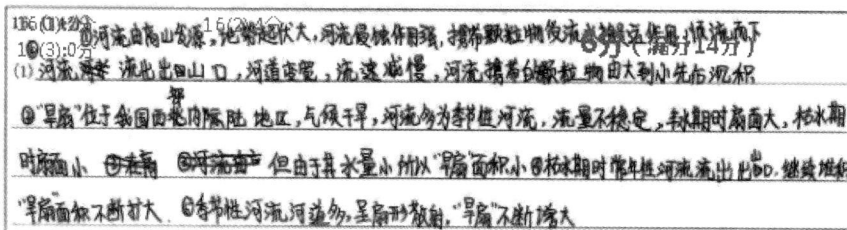

图 5-19　学生答题卡截图

通过展示学生答题卡,使学生意识到书写规范、答题有提示语和要点序号化

的重要性。

学生在综合题答题中存在的问题：

（1）获取和解读信息的能力差，不能与相应知识建立联系。

（2）忽略题干中的限定语，导致答题的针对性差。

（3）专业术语运用得不准确、不规范。

（4）忽视提示语和要点序号化。

方法归纳（综合题答题规范）：

（1）准确获取、解读信息，包括文字材料、设问关键词、图表资料等。

（2）对接迁移。回归教材，进行知识的联想、迁移，并实现与新问题的对接，找准答题的突破口。

（3）表达专业化，语言规范化。使用规范的专业术语，尽量使用关键词，多用词组，少用句子，分条作答。

变式训练：阅读图文材料，完成下列要求。

阳泉市是三晋门户，晋冀要道，处于东部发达地区与中西部的接合地带。阳泉市是山西重要的煤炭工业城市，有着丰富的以煤生产纤维原料的技术经验。2020 年 12 月 22 日，中国纺织工业联合会、中国化学纤维工业协会确定阳泉市为"中国纤维新材料产业示范基地"。煤炭产业和纺织产业有着天然的纽带关系，化学纤维产业是煤化工领域的重要终端产业之一。近年来，由阳泉阳煤集团更名的华阳新材料科技集团与山东如意集团等纺织龙头企业开展合作，瞄准纺织新材料领域，布局现代煤化工下游，共同打造全国唯一的"煤炭—纤维—纺织—服装—时尚"的全产业链生态体系，实现由"黑"到"彩"的时尚转变。图 5-20 示意阳泉市位置。

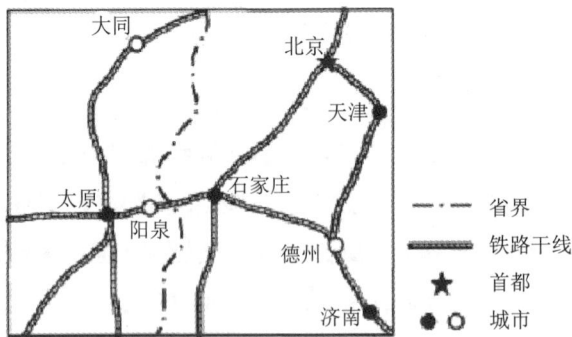

图 5-20　阳泉市位置

分析阳泉市成为中国纤维新材料产业示范基地的区位优势。

设计意图：生态型课堂侧重引导学生思考、讨论并提供准确、及时的反馈信息，形成良好的正反馈效应。本环节，教师针对涉及的关键问题和学生都不能解决的问题进行讲解，突破难点，强化关键点，总结知识规律，强调注意事项，达到归纳总结、升华认知的目的。

环节五：跟踪训练，拓展提高

训练一：深圳经历了几次制造业"出走"浪潮。21世纪初以服装、皮革等传统制造业迁出为主，2012年以来深圳制造业外迁企业转向电子信息等中高端企业，近年来大型电子信息制造业纷纷将生产基地迁往东莞等地，关联企业迁出量也日趋增加，电子信息制造业占外迁企业的比例接近四成。据此完成下面小题。

1. 深圳传统制造业、电子信息制造业外迁的主要原因是（　　　）

A. 消费市场饱和　　　　　　　　B. 生产成本上升

C. 生产原料短缺　　　　　　　　D. 政府政策支持

2. 与东莞等地相比，深圳发展中高端制造业的主要优势是（　　　）

A. 产业链体系完备　　　　　　　B. 市场需求量大

C. 劳动力的数量多　　　　　　　D. 环境质量较好

训练二：洪积扇是河流、沟谷的洪水流出山口进入平坦地区后，因坡度骤减，水流搬运能力降低，碎屑物质堆积而形成的扇形堆积体。研究发现，阴山南麓发育众多"壶瓦状"洪积扇（如图5-21所示），下层洪积扇体面积大于上层洪积扇体面积，且同一位置处沉积粒径自下而上逐渐减小。据此完成下面小题。

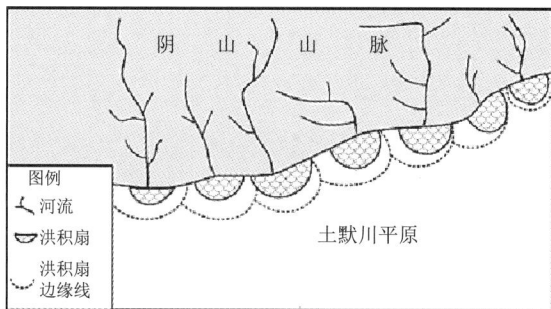

图 5-21 "壶瓦状"洪积扇

3. 阴山南麓洪积扇集中连片分布的主要原因是阴山南麓（　　　）

A. 河流季节变化大　　　　　　　B. 植被覆盖率低

C. 河流、沟谷众多　　　　　　　D. 地势落差较大

4. 依据洪积扇的特征，推测历史时期阴山南坡的气候变化规律最可能是（　　　）

A. 持续变湿   B. 持续变干

C. 冷暖交替   D. 干湿交替

训练三:2020 年 12 月 16 日,国家(中卫)新型互联网交换中心在中卫挂牌。数据中心是互联网上存储、传输数据信息的设备和场所,占地大、耗电多,机器运行放热多。

5. 说明中卫成为新型互联网交换中心的优势自然条件。

设计意图:教师针对改卷过程中记录的一些典型错误,预先设计试题,当堂检测,达到巩固提高的目的。这一环节体现出生态型课堂"实践—认识—再实践"的思维规律,有利于强化学习手段,充实学习方法,提高学习效率。同时,课堂的重心倾向了学生,学生的主体地位又一次得到了体现,学生的认知能力和解决问题的能力又一次得到了升华。